龍神さま
開運手帖

大龍神王
招福瑞祥

鮑義忠
BeBe
Aya

自由国民社

プロローグ――

いつでもどこでも〝龍〟を招き入れる気持ちを！

一般の人たちにとって、龍や龍神さまは縁遠いイメージがあります。

それはなぜでしょうか？

――例えば、何に対しても否定的でいるような人の、固い殻で閉ざされたような心を、わざわざ無理やりにこじ開けてまでは、幸せはいつも入ってきてくれないような気がします。

だからいつも、いろんなことをやわらかい心で受け入れる気持ちや信じる気持ち、いろんなことを素直に感じる気持ちでいることが、たくさんの愛を受け止められて、たくさんの幸せを感じ取れるコツなのではないかと思うのです――。

同様に、あなたの身近にもいる龍の息づかいを感じるには、物事を否定せず、子どもの頃のように、ナチュラルな心で、さまざまなことを自然体で受け入れる気持ちでいること。

そうすれば、誰にでも龍の息づかいを身近に感じられて、龍と一緒に遊ぶ心を思い出せるはずです。

何気ない日常の中で、龍を身近に感じ、龍と遊び、龍から豊かさの恩恵を受け取りましょう。

CONTENTS

第五章　龍神さまと出会えるパワースポット神社

第一章

龍神さまはいつでもどこでもあなたのそばに存在している

運命を左右する龍神風水の三つのカテゴリー

「龍神風水」と聞くと、皆さんはどんなイメージをお持ちになりますか？
強そうなイメージを持つ方もいらっしゃれば、もっと神事に近い〝呪《まじな》い〟をイメージする方もいらっしゃるでしょう。

風水には、さまざまな流派が存在します。
一般的な八宅派《はったくは》、玄空飛星派《げんくうひせいは》、紫白九星派《しはくきゅうせいは》、玄空大卦派《げんくうだいけは》、三元派《さんげんは》、三合派《さんごうは》など、数えだしたらキリがない程風水の流派が存在します。

一般的には風水は三つのカテゴリーに分類されます。

＊地理風水…土地の良し悪しを決める風水術。
＊陽宅風水…坐向、形状、間取りの良し悪しを判断する風水術。これは一般的に日本では家相と呼ばれているもののルーツです。
＊陰宅風水…お墓の良し悪しを判断し、ご先祖様をしっかり供養する風水術（こち

らは墓相ともいいます）。

これらは、私たちが生きていく上では三位一体であり、どれかひとつが欠けても成り立たない、とても大切な要素です。

三位一体とは、キリスト教の教えのひとつで、ひとつの神様が三つの姿になって現れるという考え方のことですが、風水におけるこの三位一体という考え方は、理解するものではなく環境学問として受け入れ、日常生活に生かすものだとお考えください。

つまり、「風水ってそういうものなんだねぇ!?」と、真理として受け入れるようにすると、わかりやすいかもしれません。

龍神さまは神様の言葉を届けてくれる

龍神風水のお話に入る前に、まず龍神さまのことについて少しお話をさせて頂きましょう。

生まれは中国、でもそのお姿は世界中に無数に存在し、西洋では「ドラゴン」と呼ばれ、国内外問わず大人気の伝説上の神様といわれています。

しかし、伝説というのは一般論で、本当はちゃんと存在します。

天と地と人をつなげる神様のお遣《つか》いとして、私たちに神様からの言葉を届けてくれるのが龍神さま（眷属《けんぞく》と呼ばれるものです）で、龍神界という所に通常は属していらっしゃいますが、龍神さまは移動が自由なので神出鬼没です。

基本的に龍神さまは目では見えませんが、エネルギーとして確かにそこに存在していらっしゃいます。

龍神さまは一般的には「高級神靈」と呼ばれる階層に属しています。

龍神界をはじめ、稲荷界、天狗界、蛇界など人間に生まれることなく、神靈界で進化しながら暮らしていらっしゃる神靈です。

これは一般的に「高級神靈」と呼ばれ、私たち人間からすれば神様と同等に高次元の存在です。

ここで注意したいのは、龍神さまのすべてが龍（想像上や伝説の形状）をしているとは限らないということです。

でも、その人が認識しやすいような姿形でやってくることが多いようです。

ちなみに、私（ＢｅＢｅ）が龍神さまにお目にかかる時は、疑い深い私が判別しやすいように、馴染みのある一般的な龍のスタイルでお出ましになることが多く、時には私を背中に乗せて、車やスクーターと並走することもあるほどにお茶目です。

また、過去には「〇〇命《みこと》」と名乗り、御筆先に降りていらっしゃったこともありました。

龍神さまは人間界や天上界を自由に飛び回ることができるため、時として神様たちの乗り物としても大活躍します。

日本の古事記に登場する神様方も、時には龍神さまのお姿を借りて移動するようですが、これは龍神さまのお姿に成り代わることで、本来ならば行き来ができない次元の移動が可能になるようです。

私の知るところでは、この龍神さまへの成り代わりがお得意な神様には、素戔嗚《すさのおの》尊《みこと》、大国主命《おおくにぬしのみこと》、猿田彦大神《さるたひこのおおかみ》、国常立尊《くにとこたちのみこと》、九天玄女《きゅうてんげんにょ》、十八代玉帝《じゅうはちだいぎょくてい》などがいらっしゃいます。

✿「龍」は日常生活の至るところで私たちを見守っている

「龍神さま」に対して「龍」は、私たちの日常生活の至るところで、私たちを見守ってくれている存在です。

私が以前に、ご神託で降ろした御筆先には、このように書かれていました。

［御筆先］

龍と暮らすものは　何も特別に選ばれたやうなる人間ならず　心に多くの宝を持つものなり

空には多くの龍が舞っておるが　人を恋しと想うて人を守る龍もおる

人間が誠の心を型にし　それを真《ま》（信）心《こころ》で天に祈り通せば　それがすなわち人の心に龍を呼ぶとなり

龍といえど　今の世の人が想ひてゐる姿をしておるわけならざるが　いつの刻も自然の中の至る所にほひて　神々が鎮座すと言われておる場所には　大概が龍神の降る木がありて　その土地を静かに護っておる

本来ならば　人の目で見るは難儀なことならむが　心の在るものは（志（氣）

の高きもの）自然が美しき処を訪れると　龍の方より寄ってくるもあらば　その姿を木々の形に映し　空を見上げれば（雲）の中にその形を見出したり　心より我に逢はまほしと祈り通すものには　その姿はありとあらゆる形に変化して現るならむ

龍はいつでも御前様の心の内に在って　天へと想ひを届く
龍といふは清高なる存在なれども　人と龍といふは古より深き絆在り
龍の分け御魂とて　人間にとりては神と同じく気高きもの　それを得ることで喜びは二重になり　其の者には富貴がもたらさる
心澄みしもの　真（信）心もちて　我を慕うものには　我らの息吹は感じ取るぞ
　人事を尽くして天を仰いだもののみが我の背に乗る

雲の形をして現れる龍神さま

龍や龍神さまは時折、雲の形をして私たちの前に現れます。

少し大雑把《おおざっぱ》な例えですが、龍神さまは神様のお遣いであり、龍は私たちを幸せに導いてくれるパートナー的な存在だと認識すれば、わかりやすいかもしれません。

世界中で愛される龍の置物

龍は私たちが生まれた時から共に過ごしている、もっとも身近な存在です。

なぜならば、誰でも一度くらいは龍の置物や龍神さまの絵のような、龍に関わるものを目にしたことがあるのではないでしょうか？

日本には八《や》百《お》万《よろず》の神の存在があるというのに、他の神様の置物にはなかなかお目にかからなくとも、龍の置物や龍の絵といったものは、誰もが一度くらいは目にしたことがあると思います。

それに、龍は世界中で愛される存在なので、国内に限らず海外でお目にかかったという方もいらっしゃるでしょう。

龍に出会うのは実は偶然なんかではなく、「私はここにいますよ、いつも貴方のそばで見守っていますよ……」という、龍神さまからのアプローチなのかもしれません。

何かしらの龍からのメッセージによって、龍の存在に気付き、意識しはじめる人もいれば、何事もなかったかのように通り過ぎる人もいるのでしょうが、どんな形であれ、一度でも龍という何かにお目にかかったことがあるのであれば、貴方はちゃんと龍神さまとの深い絆を持っているということです。

幼い頃に聞いた龍の声

私がまだ幼かったころ、人には見えていないものや、聞こえていないものが見えたり聞こえたりする私の将来を不安に思った母が、「何を見ても何を聞いても絶対に口に出してはいけません」と教えてくれました。

まだ、幼かったので目に見えるもの聞こえるもののすべてを、口に出してしまっていた時代に、何度かこの龍の声を聞いた記憶があります。

あの頃の私は〝龍〟という存在を、とても大きくてパワフルで優しい〝にょろにょろ〟と勝手に命名し、とても身近なものだと感じていました。

私の中では、この大きな〝にょろにょろ〟だけは「怖くないもの」という認識があり、〝にょろにょろ〟に出会うとうれしい事が起こるので、次はいつ会えるのか、いつやってくるのか？　そんな事を考えながら、楽しみに過ごしていた記憶があるのですが、大人になるに従って、少しずつこの〝にょろにょろ〟と遭遇《そうぐう》する機会が減っていきました。

なぜなら、「普通の子」を装うために、通常人の耳に入ってはいけない音域のものや、見えてはいけないものを意識的にシャットアウトするように、常に注意を払うよう心がけていたからです。

今でこそ、指先に集中する事で靈能を開いたり、閉じたりという事が簡単に行えるようになりましたが、幼い頃はそういう小細工を知らなかったので、いつも靈能は開きっぱなし、常に何かが見えている状態で、日常生活が何かと不自由だった記憶があります。

普通を装うことが最優先でしたので、歳を追うごとに「見える・感じる」……というエネルギーに素直に同調できなくなり、この龍との関わりが日に日に薄くなって行ってしまったようです。

伝説の古代〝ムー大陸〟ではテレパシーで会話

今より遥《はる》か昔の神話の時代、〝ムー大陸〟の時代では人間同士は言葉を持たず、皆テレパシーで会話をしていた時代がありました。

この伝説の大陸は、ある日一夜にして崩壊してしまったそうですが、このムー大陸のお話が本当ならば、私たち人間はテレパシーでの会話が可能ということになります。

以心伝心という言葉があるように、私たち人間は本来、心《こころ》を以《も》って心《こころ》に伝《つた》うことができるはずです。

時代が移り変わり、文明の進化とともに、かつては私たち人間に当然のように備わっていた、テレパシーという能力が衰退していったのかもしれません。

龍という存在は、いわゆる霊感や霊能・テレパシーといった特殊な能力が発達していなくても、私たちが会いたいと願えば、誰でも会える・聞こえる存在です。

テレパシーで遠隔地（別次元にいる）の者同士が感応し合い、「遠隔感応」を起こすのと同じように、別次元にいる龍にも純粋な気持ちで語りかければ、その思いはテレパシーとなり、きちんと龍の元へと届くのです。

龍に関わる本のお話を頂いてからというもの、私は意識的にまた龍を探すようになりました。

幼い頃、時々見かけていたあの大きな〝にょろにょろ〟は龍だったに違いない、久しぶりに龍に会いたい‼心からそう願いました。

そして、雲や神社の木々の隙間に龍を見つけては、両手を伸ばし龍に抱きつくようにして、龍に一生懸命ラブコールを送りました。

すると……風水コンサルテーションや御筆先での鑑定でも、たびたび龍神さまと関わる案件が増え始め、今までの十倍……いや……それ以上に、龍と関わる機会が増えてきたのです。

龍と関わらずには、その仕事がコンプリートしないというようなことも、たびたびありました。

そして、龍を通して数々の恩恵を受けるようになったのです。

第二章

龍をお招きするための心構えと準備とは？

龍が暮らす家には「陽」の氣が満ち溢れ不運に強い

龍という存在を日常生活で意識するようになると、今度は龍からどんどん話しかけてくれるようになります。

そして、龍が天に昇るように運氣がグングンと上昇していくので、とても不思議です。あなたが、龍と関わる事はそれほど難しい事ではありません。

ただ純粋に「龍に会いたい！」「どうか我が家にお越しください！」と、心から願えば良いだけです。

あなたが「龍と関わりたい」「龍と共に暮らしたい」「一緒に仕事をしたい！」、そう願うのであれば、まずは、龍を家にお招きする事から始めましょう。

龍はその家の最も大きな窓からやってきます。

玄関が大きな家は玄関から、バルコニーや大きな窓の多い家は、窓からやってきます。

そして、龍が暮らす家というのはとても「陽」の氣に満ち溢れ、澄んだ空氣に包まれ、不運に強い家になります。

それに伴い、そこに住む人たちにもパワフルな恩恵が与えられます。

龍神風水で家に龍をお招きするには?

龍神風水とは、この「陽」の氣を家中に満たし、龍に気持ち良く家で暮らしてもらうためのメソッドです。

龍のいる家には、龍神さまもやってきますので、家中がパワフルなエナジーで満ち溢れ、不運を弾き、ハッピーなバリアで完全包囲された、無敵の結界ハウス（邪気や魔障を寄せ付けない空間）になります。

家に龍を招くには、龍が通るそれなりの通り道が必要になります。

部屋の広さや廊下の広さは関係なく、龍が通る「龍道」「龍脈」というのが重要です。

龍道・龍脈というと、なんだか難しい響きになりますが、簡単に言えばラッキーゾーンです。

パワフルな氣が玄関から入ってきて、家の中心を通り、次は反対側へとたどり着き、行き当たったらまた中心に戻った後、家中に広がって行きます。

掃除の行き届かない、ゴミだらけで散らかり放題の家には、残念ながら龍は来ません。

なぜならば、龍に限らず神様というのは綺麗好きなので、穢《けが》れ（氣枯《けが》れ）たところにわざわざ出向いて、ゴミを避けたりゴミを片付けたりしてまで、その場に留まろうとはしないものです。

ですからあなたが、龍神の恩恵に預かろうとウキウキとチャイナタウンあたりで、龍の置物を購入し、〝下心〟丸出しで家に飾ってみたところで、掃除の行き届かないところには残念ながら龍はやって来ないのです……。

掃除は風水のメソッドではありませんが、普通に考えて汚れた場所に龍神さまがくつろいでいる……というイメージは、あまり浮かびません。

カップラーメンの食べ残しや、コンビニ弁当の空の容器の横に、美しく横たわる龍神さま。

そんな龍神さまは、残念にもほどがあります。

つまり、あなたの家がパワースポット（龍道・龍脈が滞っていない状況）でなければ、龍は来たくても来られないのです……。

パワースポットと言っても、何も難しく考える必要はありません。

単純に掃除が行き届いていてさえすれば良いのです。

龍を家にお招きする際に汚れていてはいけないポイント

龍をお招きするにあたって、最初に掃除をする場所は玄関です。

家の入り口でもある玄関が穢れ（氣が枯れている）しているのはＮＧです。

玄関が汚れていると、邪氣を発してしまいます、玄関から発する邪氣は家中に行き渡ります。

悪い氣を発する場所に、龍は現れませんので、まずは下駄箱の中をきちんと整理整頓し、玄関に不似合いなものや、不必要な物を即移動させましょう。

自転車やゴルフ道具などを玄関に置いてある家庭をよく見かけますが、玄関は広い、狭いに関わらず、家の中でも最も重要な場所です。

玄関にペットのトイレシートを敷くのも、もってのほかです。

玄関の由来は仏教の言葉から来ており、「玄」は奥が深い悟りの境地を意味しており、「関」という言葉は入り口を示しています。

この二つの言葉を合わせた「玄関」は、玄妙な道に入る関門、つまり奥深い仏道への入り口でございますよ……と、仏教においては深い意味を持つ言葉です。

こうやって改めて、玄関の言葉の由来を聞くと、龍神風水における玄関の重要さが理解できる事と思います。

玄妙な道に入る関門に、靴を脱ぎ散らかしたり、荷物を放置してみたり、ペットのトイレを放置して、良い事があるはずがないのです。

龍を家にお招きする際に、汚れていてはいけないポイントというのがいくつかあります。

＊トイレ
＊バスルーム
＊キッチンなどの水まわり

この水まわりは龍をお招きするためには、最も重要な場所です。
龍は綺麗な水が大好きですから、汚い水がある場所には寄り付こうとしません。
風呂の残り湯を洗濯に使う家庭があるようですが、龍をお招きするのであればこれはＮＧ行動です。
雑誌の節約特集などで、必ずと言って良いほど登場する、風呂の残り湯を使用した節約法は、龍神風水には不向きです。

風呂のお湯には、家族がその日一日身体にまとった邪氣や穢れがたまっていますから、決して綺麗な水とは言い難いものです。

家族が多ければ多いほど、洗濯の水道代はかさむのでしょうが、家族が多ければ多いほど、風呂の水にも邪氣がたまっているということです。

洋服は、その日の運氣を司る大切な鎧兜《よろいかぶと》の役割があるもので、下着や寝巻き、制服や仕事着、それぞれが重要な役割を担っています。

風呂の残り湯で洗濯をするという行為は、せっかく禊《みそぎ》を行ったのに、また邪氣を服に染み込ませ、身にまとうという行為ですから、運の上がる行為とは言い難いものです。

ですから、龍をお招きするにあたって、風呂の残り湯での洗濯は極力控えましょう。

ほんのちょっとの節約魂が、貴方の大切な龍を遠ざけてしまいます。

気持ちよく通れる「龍道」を確保する

また、水まわりが汚いと人間関係に影響を及ぼしやすくなり、無意識に愚痴《ぐち》が増えたり、ネガティブな感情がコントロールできなくなったりと、あまり良いことはありません。

愚痴や妬《ねた》み、他人の悪口を口にしてばかりでは、せっかく龍が貴方に話しかけていても、高い波動の声が聞こえにくくなってしまいます。

ネガティブな感情に心を支配されてしまうと、じわじわと身体全体に濁《にご》ったエネルギーが張り巡らされていきます。

この濁ったエネルギーは、低い波動のものとは同調しますが、高い波動からのコンタクトをブロックしてしまいますので、注意が必要です。

龍の声をうっかり聞き逃さないように、家の水まわりと玄関は、できるだけ綺麗に掃除するように心がけておきましょう。

家の中にある、龍の通り道が塞《ふさ》がれてしまうと、龍が気持ち良く通れなくなってしまいますので、龍を家にお招きするにあたって、まずは「龍道」を確保することから始めましょう。

龍道を確保したならば、毎日、窓や玄関の扉を開けるように心がけ、あなたの家に龍をお招きしましょう。

玄関から龍神さまをお招きする際には、龍の置物や絵を飾っておく事をお勧めします。

龍や龍神さまは水や大吟醸が大好きなので、小さな器に入れて龍の前に置いておくことも忘れずに、お招きしたらきちんと〝おもてなし〟をしてあげましょう。

龍に赤目を入れて目覚めさせる

私たちの身の回りには龍の置物や絵画、写真などが、多く存在しています。

そこで、手書きの龍や龍の置物に赤い目を書き入れると、龍の本来のパワーにスイッチが入り、龍が目覚めるといわれています。

龍は、幸運をあらわす風水のシンボルの中でも最上級のシンボルですので、龍を目覚めさせると、貴方の家は危険（不運）から守護され、家中がパワフルな陽のエネルギーに満ち溢れます。

そうやって目覚めた龍は、あなたや家族の最強の守護神として稼働してくださいます。

また、龍を家にお招きすることで、守護や幸運だけでなく、経済的な繁栄も期待できるといわれていて、家に招いた龍の絵に「目」を入れることで、龍本来のパワーが目覚め素晴らしい幸運を運んできてくれます。

❊龍に目を入れる作法

1. 陶器製、真鍮《しんちゅうせい》製や金の材質の龍の置物を選ぶ。

龍を選ぶときのコツは第一印象を大切に、気に入ったものや自分にご縁がありそうな龍を選んでください。

龍を選ぶときに、大きさにこだわる必要はありません。

デザインやサイズは飾る家の大きさや、その他のインテリアとのバランスを考えて、自分で気に入った龍を選びましょう。

置物ではなく、龍の絵に直接目を描き入れる場合は、気に入った龍の絵や掛け軸など好きなデザインのものを選んで構いません。

しかし、最もパワフルな方法は、自分自身で龍の絵を描き、そこに目を入れる行為です。

絵が苦手な方も、絵のクオリティーにこだわらず、想像力を使って気に入った龍を自分で書いて、龍を家にお招きしましょう。

2. 十二支の龍の日を選びます。
暦や龍の日がわからない人は、カレンダーの吉日などを参考にすると良いでしょう。

3. 日を書き入れる時間は龍の刻に行います。
龍の刻は朝七時から九時なので、この二時間の間に龍の目入れの儀式をコンプリートさせましょう。

4. 龍の目入れには必ず新品の筆と朱色のインクを使用します。
できれば、筆ペンのような簡易的なものではなく、筆と朱色のインクを使用するように心がけましょう(手に入らない場合は筆ペンの赤インクでも問題ありません)。

5. 儀式の前には禊《みそぎ》を行います。風呂に入り身を清め、清潔な衣服を身につけてください。

6. 龍の目入れの儀式を行う際には、龍の顔を四神の龍の方位である「東」に向けてから行いましょう。

7. 龍の目入れをする前に、龍を目覚めさせるために龍に深く一礼をし、柏手《かしわで》を九回打ちます。

8. 口に白い和紙（ティッシュでも可能）をくわえ、目覚めた龍に直接息がかからないようにします。そして、用意した筆で目を入れます。

目入れの儀式が終わったら、リビングや仕事部屋、玄関に龍を飾りましょう。このとき、龍の顔が東に向くように配慮してください。

配置によって龍の顔を東に向けて飾れない、不自然な飾り方になってしまうという場合は、龍の隣に小さめの水槽や噴水を飾り、その水の溜まり部分に顔を向けておくと良いでしょう。

この流れる水はお金の流れを意味し、水がたまっている所は財産の形成をあらわすため、この水側に龍の顔を向け、財運がアップするように配置します。

目入れをした龍は、家の中でも外でも飾る場所に特に指定はありませんので、あなたの家のインテリアとの兼ね合いを見て、うまく配置しましょう。

家の内外、どちらに飾っても財運と守護のパワーをもたらします。

ただし、あまり欲を張って家中に飾ってしまうと、中華料理店のようになってしまいますので、ほどほどにしておきましょう……。

龍を飾ってはいけない場所

1. 風呂場、風呂の中、トイレや風呂場やトイレのドアの正面に飾るのはNGです。
2. 火の方位である南に飾ってはいけません。
3. キッチンのコンロ、ストーブ、暖房機器の側は、火が龍を燃やすという暗示になるので危険です。
4. 寝室に飾るのもNG、強すぎる龍の陽のエネルギーは、静かに眠る場所である寝室には、やや不向きです。
5. 龍をクローゼットの中に隠して飾るのもNGです。ご家族やご主人、奥様がこういうものを飾ることに嫌悪感を抱くということを理由に、龍を靴箱の中や、冷蔵庫の上、クローゼットの中や、机の下などに隠して飾るという方がおられるようですが、お招きした大切な龍を、そのような場所に飾らないように心がけましょう。

❀もう少し簡単な龍神召喚の儀式

なかなか家に龍を招けない、玄関に置物を置くこともできないし、龍の絵を描いて目入れをして、家に飾ることもできない……という方には、もう少し簡単な龍神召喚の儀式をご紹介しましょう。

この儀式は、きちんと掃除をして、空気の入れ替えも行っているのにもかかわらず、あなたの家の中にあまり良い氣が流れていない、何だか氣が滞っている、淀《よど》んでいるように感じる、ここ最近良いことがない、やたらとイライラする……といった状態の時に行うと効果的な儀式です。

家の氣が淀むと、当たり前のように開運力もスローダウンしていきます。

きちんと掃除を心がけているのに、何となくおかしいな……と感じる時は家の中の「氣」が不足していると考えてください。

家中が良い氣で満たされているときは、ちょっとくらい家が片付いていなくても、それほど不運の影響を受けることはありませんが、家の中の良い氣が不足して、氣の流れが滞ってしまうと、龍のサポートが得られず、思い通りの結果を引き寄せることは困難になります。

そういうときは、龍の刻（午前七時〜午前九時）に部屋を綺麗に片付け、窓を開け放ち、氣の入るスペースを十分確保してから、家の中心に立ち、地球の奥底の深いところから、両足を伝ってエネルギーを引き上げるイメージを持ってください。


これは、自分自身の波動修正を行いつつ、自分の身体をパイプラインに見立て、地球のパワフルな土のエネルギーを身体中に取り込むワークです。

この儀式をすると、家の中の氣が活性化され、パワフルな運氣が流れ込んで来るような気になります。

そして自分自身の曲がった波動が修正されることで、身体に天柱（天を支える柱のように身体の中心にも通る柱）が通り、気分も明るくなるし、エネルギーも活性化されるので、氣の滞りを感じたときはこの儀式を行い、家のスペースクリアリングと自分自身の波動修正を行うように心がけましょう。

台湾には街中至る所に龍神さまがいる

さて、ここまで読んでみたものの……龍の存在が今ひとつ身近に感じられない、自分も本当に龍に逢《あ》えるのか？ 龍ってそんなに凄いの？ と、なかなか龍の存在を受け入れられないという方は、是非、町中の至る所で龍に逢える「台湾」へと足を運んでみてはいかがでしょうか？

「なかなか台湾までは行けない」という方も、台湾の特集のテレビや動画、雑誌などをチェックするだけでも構いません。

なぜならば、台湾には街中の至る所に龍神さまがいらっしゃるので、とても簡単に龍神さまとご縁を結ぶことができるのです。

台湾では、町中の至る所で色鮮やかな寺や、道教（タオイスト）の寺廟を見つけることができて、神様と人間がとても良い関係で、共存共栄しているように感じます。

そして台湾の人々は、神様をはじめ龍の存在がどれほど素晴らしいかをきちんと理解していて、神様や龍の存在を疑いません。

台北にある有名な寺「龍山寺《りゅうざんじ》」のあたりへ足を運べば、龍のものはいくらでも手に入ります。

龍山寺の周りには、おびただしい数の仏具屋が軒を連ねており、絵や置物、仏壇をはじめ道教の神様方がお召しになる、煌《きら》びやかなお衣装までも売られています。

屋根など至る所に“龍”が配置された龍山寺（台北）

こういったことにあまり馴染みのない方は、神様の置物にバービー人形感覚で、洋服を着せる行為というのはちょっと抵抗があるな……と、お思いになるかもしれませんが、道教の本場台湾では、これはごくごく普通のこと、当たり前のことです。

そして、台湾の神様方は煌びやかなお召し物を身にまとい、いつもキラキラと輝いていらっしゃいます。さらに、神様のお足元には龍が控えていることもあります。

道教の中でも、最強の人気を誇る神様界のトップスターである、關帝《かんてい》（關聖帝《かんせいてい》君《くん》）様は「三国志」において、五虎《ごこ》上《じょう》將《しょう》の筆頭将軍であったり、龍神さまを従えて登場したりと、そのお姿はあまりにも勇猛です。

龍は台湾でも神様方の登場には必要不可欠な存在です。台湾では龍や神様を大事にすることは、ごくごく普通のことで一般的な家庭にも当たり前のように、龍や神様の置物や絵が飾られています。

そして、台湾の町中の至る所から、龍は私たちを見守っています。

例えば、道教の寺院の屋根から龍が見下ろしていたり、ホテルのロビーに龍が置かれていたり、中華料理店の軒先には、たいてい龍の絵や龍の何かが飾られています。ちょっと注意してみて見てみると、街のあちらこちらから、龍はこっそり私たちを見ているのです。

このように台湾滞在中は一日中、出かけた先で龍と遭遇するので、龍とのご縁を意識せずにはいられなくなります。

強運な人には龍神さまが後ろ楯に控えている

龍と一度でもご縁を結ぶと、なぜか龍や龍神系の神様と関わりを持つ機会が増えてきます。

私（ＢｅＢｅ）は、御筆先での個人鑑定を行う事があるのですが、稀《まれ》にその方を守護していらっしゃる神様陣に龍神さまのお名前が上がってくる事があります。

御筆先では、日本の神様だけでなく、台湾の神様、仏界の方や海外の神様なんかも、ちらほらとお見掛けしますが、会社経営者、スポーツ選手、芸能人、政治界の方、ここ一番の運の強い方なんかには、龍神さまが後ろ楯に控えていらっしゃる方が多いように感じます。

じゃあ……自分は不運だし、ここ一番の運にはあまり強くないし、芸能人でもないし、特別に何かの能力があるわけでもないから、龍神さまや龍は自分を守護してくれることはないんだろうな……。

そう諦《あきら》めるのはまだ早い！のです。

私が龍の本のお話しを頂いた際に、龍神さまにお伺いを立てた御筆先には、このように書かれていました。

「龍と暮らすものは　何も特別に選ばれたやうなる人間ならず　心に多くの宝を持

つものなり　空には多くの龍が舞っておるが　人を恋しと想うて人を守る龍もおる
人間が誠の心を型にし　それを真（信）心で天に祈り通せば　それがすなわち人の心
に龍を呼ぶとなり」

龍と暮らせる人というのは、特別に選ばれし者でもなんでもなく、心に多くの希望や祈り、願望、野心に慈悲の心をしっかりと持っている人であり、何よりも龍が欲しいと心から願っている人が龍と暮らせるのですよ。

龍の中にはとても人間のことが大好きで、人恋しく想い人間を不運から守ろうとする龍も存在しています。

私たち人間が誠意を持って心から龍に逢いたいと願うことで、その祈りは龍に届きあなたの心に龍が宿ります。

つまり誰にでも、龍と共に生きる権利があるということです。

逢いたいと心から願った者の心に、龍は降りてきます。

だからこそ、あなたがこの本を読んで、龍が欲しい、龍に逢いたい、龍と暮らしたい！そう願うことで、龍と見えない絆《きずな》で結ばれるのです。

第三章

実践！龍神さまを気持ちよく召喚するには？

龍神さま召喚でとてつもない、龍の陽の氣が満ち溢れる

「龍神召喚」には、古来より龍を召喚することを意味して、雨乞い、治水、地鎮、土地の浄化、招福、招財、富貴、病魔撃退などのさまざまな霊験があるといわれています。龍神さまを召喚するとたちどころに、己の心身にとてつもない、龍の陽の氣（エネルギー）が満ち溢れるのです。

すると富貴吉祥《ふうききっしょう》、立身出世、無病息災、家内安全、商売繁盛がご利益となって享受できることになります。

さらに、うまく龍とつながれば、自然現象すら自在にコントロールができますが、自然現象の場合は必ず原因と理由があるため、むやみやたらにコントロールすることは戒《いまし》められています。

そこで、あなたがご縁を感じて、ご利益を期待できる龍を見つけてみましょう。

ご縁を感じるとは、自分の生まれや干支に関係なく、各龍神さまの「〇龍の人…」などの内容を理解して、自分の性格に合っていたり、何か思い当たることがあったりするということです。

何となく懐かしい感じがする、好きな色の龍、憧れる龍、あなたがご縁が深い、ご利益を期待できそうな何かを感じる龍を、十体の中から選び出してください。

あなたが選んだ龍があなたと深いご縁のある龍です。

十体の龍の種類とそのエネルギー、そしてご利益

［青龍帝王］ ↓P42の護符①（巻末に付録シール）と口絵の龍神図①参照

◇青龍…季節は春。定着、潤いを象徴し、製造業に関連する財運のご利益が期待できる

霊験…家内安全、多くの福に恵まれる

［赤龍帝王］ ↓P42の護符②（巻末に付録シール）と口絵の龍神図②参照

◇赤龍…季節は夏。侵略、護法を象徴し、創造力に関連する財運のご利益が期待できる

霊験…家内安全、多くの福に恵まれる

［十体の龍神さまの護符見本 その1］

青龍護符①

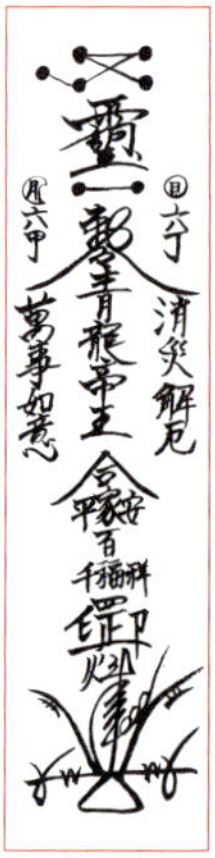

赤龍護符②

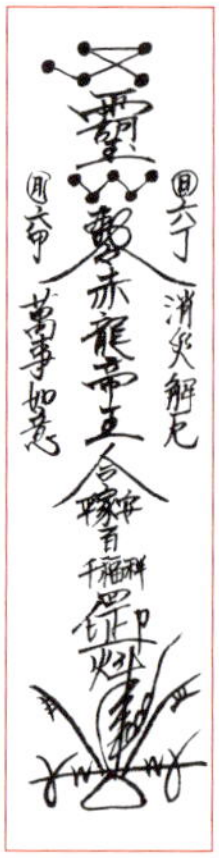

黄龍護符③

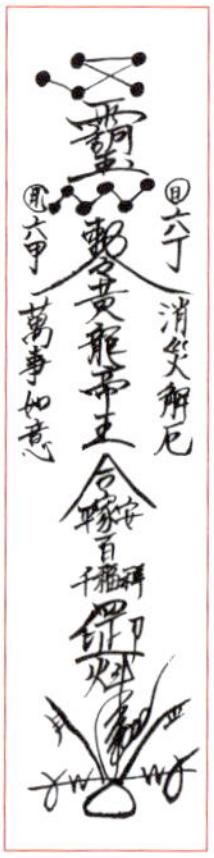

白龍護符④

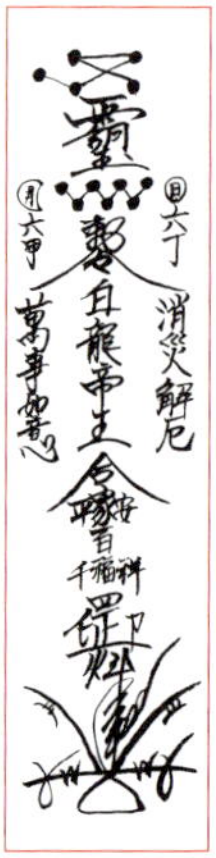

黒龍護符⑤

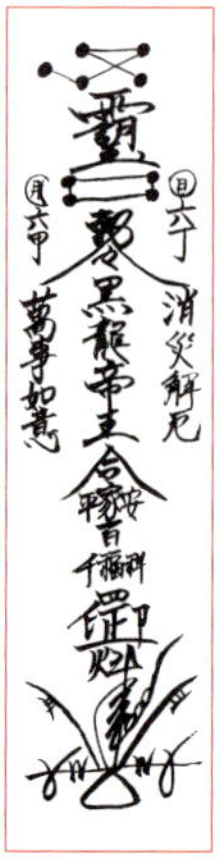

緑龍護符⑥

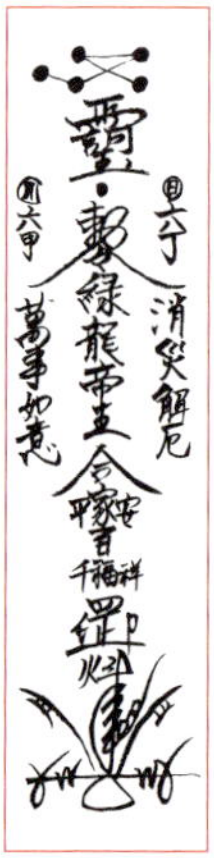

＊各護符のご利益や使い方は本文P39～を参照してください。

＊巻末に付録として、各護符シールが付いています。

［黄龍帝王］→P42の護符③（巻末に付録シール）と口絵の龍神図③参照

◇黄龍…光の属性。反射、希望を象徴し、土地や不動産関連の財運のご利益が期待できる

　霊験…家内安全、多くの福に恵まれる

［白龍帝王］→P42の護符④（巻末に付録シール）と口絵の龍神図④参照

◇白龍…季節は秋。色気、エロスを象徴し、宝飾品に関連する財運のご利益が期待できる

　霊験…家内安全、多くの福に恵まれる

［黒龍帝王］→P42の護符⑤（巻末に付録シール）と口絵の龍神図⑤参照

◇黒龍…季節は冬。闇、破壊を象徴し、水商売に関連する財運のご利益が期待できる

　霊験…家内安全、多くの福に恵まれる

［緑龍帝王］→P42の護符⑥（巻末に付録シール）と口絵の龍神図⑥参照

◇緑龍…風の属性。空気、氣（エネルギー）を象徴し、ギャンブル運に関連する財運

のご利益が期待できる

霊験…家内安全、多くの福に恵まれる

【紫紺龍帝王】↓P45の護符⑦（巻末に付録シール）と口絵の龍神図⑦参照

◇紫紺龍…維持、安定、栄華を象徴し、宝くじ運が期待できる

霊験…家内安全、多くの福に恵まれる

【銀龍帝王】↓P45の護符⑧（巻末に付録シール）と口絵の龍神図⑧参照

◇銀龍…勝負、戦、戦利品を総取りすることから権力を得て富貴を象徴し（軍師型）、投資運が期待できる

霊験…家内安全、多くの福に恵まれる

【金龍帝王】↓P45の護符⑨（巻末に付録シール）と口絵の龍神図⑨参照

◇金龍…勝負、戦、戦利品を総取りすることから権力を得て富貴を象徴し（帝王型）、金運、財運、不動産運が期待できる

霊験…家内安全、多くの福に恵まれる

［十体の龍神さまの護符見本 その2］

紫紺龍護符⑦

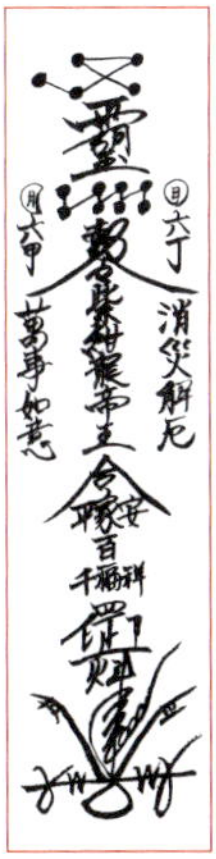

金龍護符⑨

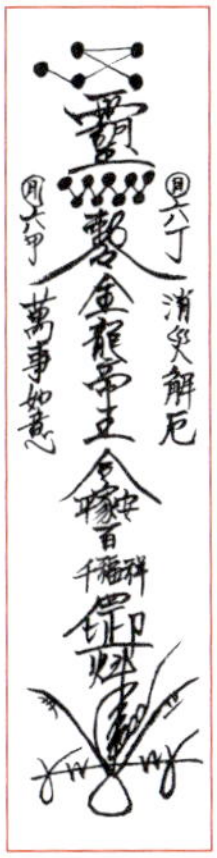

銀龍護符⑧

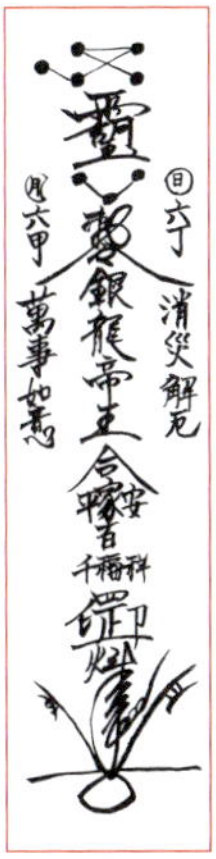

九頭龍護符⑩

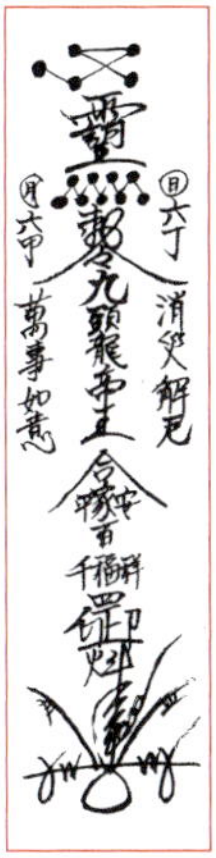

穢れを祓う護符⑪

不足した運氣を補う護符⑫

＊各護符のご利益や使い方は本文P39〜を参照してください。
＊巻末に付録として、各護符シールが付いています。

【九頭龍帝王】
→P45の護符⑩（巻末に付録シール）と口絵の龍神図⑩参照

◇九頭龍…河川、毒を鎮める、妙薬の属性、厄災などを象徴し、掘り出し物を見付ける運が期待できる
霊験…家内安全、多くの福に恵まれる

各龍神さまの特長やご利益、ラッキーアイテム

ここからは各龍神さまについて、特長やご利益、ラッキーアイテムなどさらに詳しく解説していきましょう。

◇青龍

季節は春。定着、潤いを象徴する。生産に関する財運のご利益。

青龍の人…春を表す青龍の人は、ひらめきや願い事のビジュアライズ化がとても上手な人です。また、縁の下の力持ち的な存在で、細かい所にも目が届くので、誰かのサポートをしたり、トップよりナンバー2として、手腕を発揮することが得意。しかし、ちょっと気が緩《ゆる》むと大きなミスをしてしまうので、確認事項を怠らないように注

意しましょう。

・ラッキーナンバー……2
・ラッキー方位……東
・ラッキーカラー……ブルー系
・ラッキーナンバー……2
・ラッキーアイテム……ファウンテン・湖など水場が綺麗な写真やポストカード・玄関マット
・お守りの護符……P42の護符①（巻末に付録シール）と口絵の龍神図①参照
・パワーアップ術
　東の方位もしくは玄関にファウンテン（溜まり水）を飾るとパワーアップ
　玄関マットの下に赤い紐が結ばれた古銭を敷くと金運アップ
・守護パワーストーン…ターコイズ

〈ターコイズ（トルコ石）のヒーリング効果〉

・旅のお守り（方位除けとして凶方位の旅の際に身につける）
・インスピレーションを高める・自己実現を助ける・正しい判断に近づける・邪悪なエネルギーや災いから身を守る・宇宙的な意識や情報を受け取る助けとなる・友情を強める

＊龍神祈《いの》り詞《ことば》＊
空木《うつぎ》咲きこぼれ　天空を舞《ま》ゐ《い》ておはし《わ》ます　我が守護の青龍様に　弥益々《いやますます》のご開運がありますように。

◇赤龍

季節は夏。侵略、護法を象徴する。創造力に関する財運のご利益。

赤龍の人…夏の要素をもつパワフルな赤龍の人は、人付き合いが上手く人を楽しませるのがとても大好き。興味のあることに対して、熱しやすく没頭しやすい性質をもっています。あまり人からどう思われているか？ということにはこだわらないので、時に自分勝手なモノの言い方になるので、言葉に注意が必要。

・ラッキーナンバー…5
・ラッキー方位…南
・ラッキーカラー…レッド系
・ラッキーアイテム…アロマキャンドル・赤い財布・赤い靴（スニーカー・パンプスなど）
・お守りの護符…P42の護符②（巻末に付録シール）と口絵の龍神図②参照
・パワーアップ術

財布の中に、赤い封筒に入れた紙幣を入れて持ち歩くと金運アップ

・守護パワーストーン…赤水晶

〈赤水晶のヒーリング効果〉

・安産のお守り・忍耐力を高める・エネルギーの活性化・願望実現・グラウディング・精神の安定・意思を強くする・勝負のお守り

＊龍神祈り詞＊

赤き炎をまといし意氣軒昂《いきけんこう》に　天高く舞《ま》ゐ《い》ておはしま《わ》す　我が守護の赤龍さまに弥益々《いやますます》のご開運がありますように。

◇黄龍

光の属性。反射、希望を象徴する。土地や不動産運に関する財運のご利益。

黄龍の人…棚からぼた餅的な運に支えられている人。もともと頼られると嫌と言えない性分で、他人の世話を焼いてあげる事をあまり嫌がりません。相手の気持ちを考えて先手を打って行動する所があるので、とても貴重な人材として重宝されます。一方で、とてもせっかちなところがあるので、急すぎるとケアレスミスを連発してしまい、頼りにならない人という残念な評価に終わってしまう事も……焦って空回りしすぎないように、冷静な判断を心がけましょう。

・ラッキーナンバー…6

・ラッキー方位…西南
・ラッキーカラー…イエロー・アースカラー系
・ラッキーアイテム…手鏡
・お守りの護符…P42の護符③（巻末に付録シール）と口絵の龍神図③参照
・パワーアップ術
魔除けを兼ねて、小さな手鏡をいつもバッグに入れて持ち歩く。
気に入った手鏡の裏に、黄色の短冊に書いた願い事貼り付けて願い事をする。
・守護パワーストーン…アラゴナイト
〈アラゴナイトのヒーリング効果〉
・集中力を高める・自己能力の発揮・前向きな行動へと導く・原因への洞察力を与える・困難に立ち向かう精神力・魅力を引き出す・存在感を高める・集客力アップ・人氣運アップ・出会いのチャンスを増やす

＊龍神祈り詞＊
光をまといし閃光《せんこう》の如《ごと》く　天高く舞《ま》ゐ《い》ておはし《わ》ます　我が守護の黄龍様に　弥益々《いやますます》のご開運がありますように。

◇白龍

季節は秋。色氣、エロスを象徴する。宝飾品に関する財運のご利益。

白龍の人…菩薩の顔と般若の顔を持つ二面性のある魅力的な人。頭が良く洞察力に優れており、表面的にはとてもクールな印象を受けるが、実は情にほだされやすく涙もろい一面ももっています。コレクション癖がある人が多く、集め出すとなかなか辞められない。自分にできる事は人もできるものだろうと、勝手に思っている節があり、時に人を傷つける暴言を吐き、誤解を受けることがあるので注意が必要。

- ラッキーナンバー…7
- ラッキー方位…西
- ラッキーカラー…ホワイト系
- ラッキーアイテム…パールのアクセサリー・髪飾り・カフス・ウォレットチェーン
- お守りの護符…P42の護符④（巻末に付録シール）と口絵の龍神図④参照
- パワーアップ術

男性女性ともにパール素材のものを身につけるか、持ち歩くと良い。

エロスの象徴でもある白龍の氣が強すぎると感じる場合は、色難を防ぐため黒真珠を用いるとエネルギーの調和がとれてパワーアップ

・守護パワーストーン…白翡翠《しろひすい》

〈白翡翠のヒーリング効果〉

・純粋さと平穏の象徴・洞察力や忍耐力を養う・人生の成功と繁栄・魂と心を統一する・自己成長の促進・冷静沈着さを養う・変化に対する対応力を高める・寛大な心

＊龍神祈り詞＊

日月《ひつき》の光り合《あい》ひたるに　秋天《しゅうてん》は色を増し　天高く舞《まい》ゐておは《わ》します　我が守護の白龍様に　弥益々《いやますます》のご開運がありますように

◇黒龍

季節は冬。闇、破壊を象徴する。水商売に関する財運のご利益。

黒龍の人…スピリチュアルな要素をもつ黒龍の人は、人と深く関わるのはあまり得意ではありません。人からどう思われているのか？という所が気になるので、気を使いすぎて人間関係に疲れてしまうこともしばしば……。人は人、自分は自分！と、唯一無二の存在である自分を受け入れてあげましょう。

・ラッキーナンバー…4

・ラッキー方位…北

・ラッキーカラー…ブラック系

・ラッキーアイテム…黒真珠のアクセサリーや黒いレザー商品
・お守りの護符…P42の護符⑤（巻末に付録シール）と口絵の龍神図⑤参照
・パワーアップ術
男性女性ともにブラックオパールを身につけるか、黒いレザーの小物を持ち歩くと良い。

闇や破壊の象徴でもある黒龍の氣が強すぎると感じる場合は、自我を抑えるために白い真珠を用いるとエネルギーの調和がとれてパワーアップ
・守護パワーストーン…ブラックルチルクォーツ
〈ブラックルチルクォーツのヒーリング効果〉
・金運を高める・仕事の成功・目標達成・危険を察知する・エネルギーを引き寄せる・グラウディング・活力を高める・揺らぐ事のない信念を育てる
＊龍神祈り詞＊
漆黒《しっこく》の闇を切り裂き雲間《くもあい》から　稲妻の如く天空に舞《ま》ゐ《い》ておは《わ》します　我が守護の黒龍様に　弥益々《いやますます》のご開運がありますように

◇緑龍
風の属性。空氣、氣（エネルギー）を象徴する。ギャンブル運。

緑龍の人…勝利の数字一番を守護にもつ、緑龍の人は誰よりも努力家です。風の勢いに乗り、時々自己中心的なものの考え方をしてしまうことがあるので、注意が必要。ギャンブルの運など、ここ一番！に強い運氣の持ち主なので、追い込まれても何とかするりと不運をすり抜けることができる人です。

・ラッキーナンバー…1
・ラッキー方位…東南
・ラッキーカラー…グリーン系
・ラッキーアイテム…観葉植物・苔玉・盆栽を家の東南に飾る
・お守りの護符…P42の護符⑥（巻末に付録シール）と口絵の龍神図⑥参照
・パワーアップ術
箱庭の中に小さなガラス製の龍を飾るとパワーアップ。
財布の中に、古銭を赤い紐で結んだものを入れておくと金運アップ。
・守護パワーストーン…マラカイト
〈マラカイトのヒーリング効果〉
強力なヒーリング・心身の癒し・安眠・体力の回復・邪氣を跳ね返す・直観力、洞察力を高める
・災いを未然に防ぐ・人の感情に飲み込まれないように保護する

＊龍神祈り詞＊
風をまといし　疾風《しっぷう》の如《ごと》く駆け来たり　天高く舞《ま》ゐ《い》ておは《わ》します　我が守護の緑龍様に　弥益々《いやますます》のご開運がありますように

◇紫紺龍

維持、安定、栄華を象徴する。宝くじ運。

紫紺龍の人…無限大（∞）のマークを守護に持つ紫紺龍の人は、年齢を重ねるごとに人間としての魅力が増す人、不運に強く、忍耐強く、運が悪い時も前向きな努力で乗り越えます。しかし、忍耐強いことは良いことですが、あまりジタバタすることをしないので、時に結果を出すことに（成功するのに）時間がかかりすぎることも……。チャンスと思ったら、すぐに飛びつく柔軟性を持ちましょう。

・ラッキーナンバー…8
・ラッキー方位…北西
・ラッキーカラー…パープル・ネイビー系
・ラッキーアイテム…システム手帳・アメジスト
・お守りの護符…P45の護符⑦（巻末に付録シール）と口絵の龍神図⑦参照
・パワーアップ術

勾玉モチーフのものを身につけるか、カバンやバッグに忍ばせておく。
お守りをゴールドの小さな巾着などに入れておくとパワーアップ。

・守護パワーストーン…ラピスラズリ

〈ラピスラズリのヒーリング効果〉

・幸運の象徴・人格的成長の促進・肉体、情緒、精神、靈性の調和・邪氣払い・洞察力、決断力を養う・ESP的能力を高める・その人の抱える本質的課題を表面化させる

＊龍神祈り詞＊

遥《はる》かなる　時空を駆け来りて永遠の刻《とき》　此《こ》の勢《いきお》ゐ衰《おとろ》えることなき　天高く舞《ま》ゐ《い》てお
は《わ》します　我が守護の紫紺龍様に　弥益々《いやますます》のご開運がありますように

◇銀龍

勝負、戦、戦利品を総取りすることから権力を得て富貴を象徴する（軍師型）。投資運。

銀龍の人…軍師型の銀龍の人は巧みな話術と、優れた先読みの能力で人を惹きつけますが、時に計算高い人だと誤解を受けることもあります。しかし、本来は人のために何かをしてあげるのが大好きな、奉仕の心も持ち合わせており、人に頼られると断りきれない部分もあるため、自分の許容範囲を超えた頼まれごとまで引き受けてしまうことも。無理な時はNO！としっかりと答えることで、信頼度がアップします。

・ラッキーナンバー…3
・ラッキー方位…東北
・ラッキーカラー…シルバー系
・ラッキーアイテム…シルバージュエリー・ブランドのバッグ・財布　取っ手や金具がシルバーの物だとパーフェクト。
・お守りの護符…P45の護符⑧（巻末に付録シール）と口絵の龍神図⑧参照
・パワーアップ術
身につけるものにシルバー製（純度92・5％の銀）のものや、ホワイトゴールドのもの（純度75％か58・3％の金）などをファッションや小物に取り入れる。

男性はネクタイピンやカフスに取り入れたり、女性は指輪・ピアス・ブローチ・バッグチャームなどに取り入れたりする。
・守護パワーストーン…シルバールチルクォーツ
〈シルバールチルクォーツのヒーリング効果〉
・ネガティブなエネルギーからの防御（サイキックアタックに対しての保護作用）・金運を高める・仕事の成功・危険を察知する・統率力、指導力・周囲との信頼関係

＊龍神祈り詞＊
陣《じん》を切り　臆《おく》することなく退《しりぞ》かず　天高く舞《ま》ゐ《い》ておは《わ》します　我が守護の銀龍様に

弥益々《いやますます》のご開運がありますように

◇金龍

勝負、戦、戦利品を総取りすることから権力を得て富貴を象徴する（帝王型）。金運、財運、不動産運。

金龍の人…先手必勝！とばかりに、物事を深く考えずに突っ走る傾向があります。嫌なことがあると、その怒りや憎しみのエネルギーをモチベーションに、他人を蹴落とし凄まじい勢いで猛進する姿勢はとてもパワフルですが、頑張りすぎることで他人から誤解されることも多く、トラブルメーカーと位置付けられることもあるので、怒りを感じてもすぐに言葉に出さず、一旦深呼吸をして気を落ち着かせる癖をつけましょう。

・ラッキーナンバー…9
・ラッキー方位…南
・ラッキーカラー…ゴールド系・ベージュ系
・ラッキーアイテム…ブランドバッグや財布、取っ手や金具がゴールドの物だとパーフェクト。ゴールドジュエリー

・お守りの護符…P45の護符⑨（巻末に付録シール）と口絵の龍神図⑨参照

パワーアップ術

身につけるものにイエローゴールド（純度百％か75％の金）のものを取り入れる。ネクタイピンやカフスに取り入れたり、指輪・ピアス・ブローチ・チャームなどに取り入れる。

・守護パワーストーン…ルチルクォーツ（ルチレイテッドクォーツ）

〈ルチルクォーツ（ルチレイテッドクォーツ）のヒーリング効果〉

・金運・マイナスエネルギーからの防御（邪氣払い）・氣管支の痛みを緩和させる・咳を抑える

＊龍神祈り詞＊

陣《じん》を切り　臆《おく》することなく退《しりぞ》かず　天空に舞《ま》ゐ《い》ておは《わ》します　我が守護の金龍様に弥益々《いやますます》のご開運がありますように

◇九頭龍

河川、毒を鎮める、妙薬の属性、厄災を象徴する。掘り出し物を見つける。

九頭龍の人…感が鋭く、言靈の力を味方につけるのが上手な人。しかし、感が鋭いことが災いして、まだ起こってもいない事に対して、不安な感情を膨らませたり、神経質になってしまったりする癖があるようです。言靈使いとして生きるのであれば、ネガティブな事を口に出すのは控え、嫌な事があっても、ポジティブな言葉に変換してから口に出すように心がけましょう。

・ラッキーナンバー…9
・ラッキー方位…北
・ラッキーカラー…ブラック系・ブルー系
・ラッキーアイテム…バスタイムグッズ・ハーブティー
・お守りの護符…P45の護符⑩（巻末に付録シール）と口絵の龍神図⑩参照
・パワーアップ術
　バスタイムグッズ・入浴剤・風呂に粗塩ひとつまみと日本酒を少し（1カップ程度）入れて入浴する
・守護パワーストーン…水晶（クォーツ）

〈水晶（クォーツ）のヒーリング効果〉
生命力の活性化・細胞の再生力・免疫力を高める・体内に蓄積された毒素の排除・開運・浄化

＊龍神祈り詞＊
天と水とを司《つかさど》り　邪《じゃ》を退《しりぞ》け天高く舞《ま》ゐ《い》ておは《わ》します　我が守護の九頭龍様に　弥《いや》

益々《ますます》のご開運がありますように

❀龍神さまの具体的な祀り方とお願いの仕方

自分とご縁のある（マイ龍）を見つけたら、次はその龍とご縁を結ぶために、いろいろな作法や咒文《じゅもん》、護符や龍神図などが必要ですので、順番に説明していきましょう。

Ｐ64の後の口絵の龍神図と巻末に護符シールが付いています。

①龍神さまの方位表（Ｐ63・下）を参考にして、お祀りする方位を選び、祭壇を設けて大吟醸酒、水、果物、そして本書付録の各龍神さまの護符や龍神図などを供えます。祭壇はＰ63・上のように、お酒や果物、護符や龍神図などで自分で設けるとよいですが、予算などに応じて簡易的なものでも大丈夫です。

選択した方位は、自分の家全体でもあなたの部屋の中だけを中心として考えても、どちらでもＯＫです。

もし方位表で選んだ方位に祭壇を設けることができないようなら、方位に固執せず、設置可能な場所にしてください。

この場合、トイレや風呂場など不浄なところは避けて、清潔で明るく目線より少し上で壁際などの、お参りのしやすい場所を選んでください。

なお付録の護符シールははがして、口絵の龍神図の裏側のスペースに貼ったり、適当な厚紙の台紙を探して貼ったりしてお祀りします。
②三礼・三拍手・一礼↓通常の参拝の時とは異なります。
③自分の名前・生年月日・干支・住所を伝えます。
④親しみを込めて、口に出しながら、龍神召喚の呪文と龍神祈り詞を唱えます。
各龍の方位に向いて（金龍、九頭龍の場合は家か部屋の中心に立つ）、普通に手を合わせて、呪文を唱えます。内容は、次のようになります。

「〇〇帝王《ていおう》　合家平安《ごうけへいあん》　百福千祥《ひゃくふくせんしょう》　六丁六甲《りくていりっこう》　十二《じゅうに》天将《てんしょう》　神兵神将《しんぺいしんしょう》　火急《かきゅう》如律令《にょりつれい》」

〇〇の部分をその都度、各龍に変えればよいのです。

そして、各龍神さまの最後に記してある龍神祈り詞を唱え、最後に自分の願い事を正確に伝えます。


例えば、金運や財運が上昇する金龍帝王様の場合には、次のようになります。

「私は、日本国東京都〇〇区〇〇町一丁目一番地の山本〇夫と申します。１９７〇年12月〇日生まれの酉年です。

金龍帝王　合家平安　百福千祥　六丁六甲十二天将神兵神将火急如律令。

［簡単にできる龍神さま召喚の祭壇］

［龍神さまの方位表］

東南		南		西南
	1 緑龍	5 赤龍	6 黄龍	
東	2 青龍	9 (天) 金龍 中心 九頭龍 (地)	7 白龍	西
	3 銀龍	4 黒龍	8 紫紺龍	
東北		北		西北

陣を切り　臆することなく退かず　天空に舞ゐておはします　我が守護の金龍様に
弥益々のご開運がありますように
２０２０年までに、保有している株式と金融商品が値上がりして、分譲マンション
の頭金として５００万円ができるようにお願い致します」

この咒文や祈り詞は、一日の始まりや一日の終わりに龍（神様）への、感謝の気持ちを込めて唱えると、さらに龍（神様）とのご縁が、より一層強くなります。
また、不運な時や魔から身を守りたい時にも、龍の守護符を身につけこの祈り詞を唱え、祈りを通すことで退魔《たいま》、祓魔《ふつま》、伏魔《ふくま》の威力を発揮します。

この祈り詞は龍（神様）への信奉心を表す手段であり、自然の恵みや龍（神様）からの恩恵に対する「感謝」の心や「喜び」を「祈り詞」という言霊に形を成し、全身全霊で（龍）神様へ伝えるための祝詞のような役割を持っています。

心身の穢れを祓ったり、下降気味の運氣をアップの護符

ここで各龍神さまの護符の他に、心身の穢れを祓ったり、下降気味の運氣をアップ

（P65に続く）

【著者直筆】

貴方だけの龍神図美術館

青龍図①

赤龍図②

＊各龍神図のご利益や使い方は本文の第３章をご参照ください。

＊各龍神図を切り取って、バッグや財布に忍ばせたり、神棚や机上にお祀りするとご利益が期待できます。

【著者直筆】

貴方だけの龍神図美術館

青龍図護符

赤龍図護符

＊表側の龍神図と関連する護符が記されています。

＊表側の龍神図にそって切り取って、バッグや財布に忍ばせたり、

【著者直筆】

貴方だけの龍神図美術館

黄龍図③

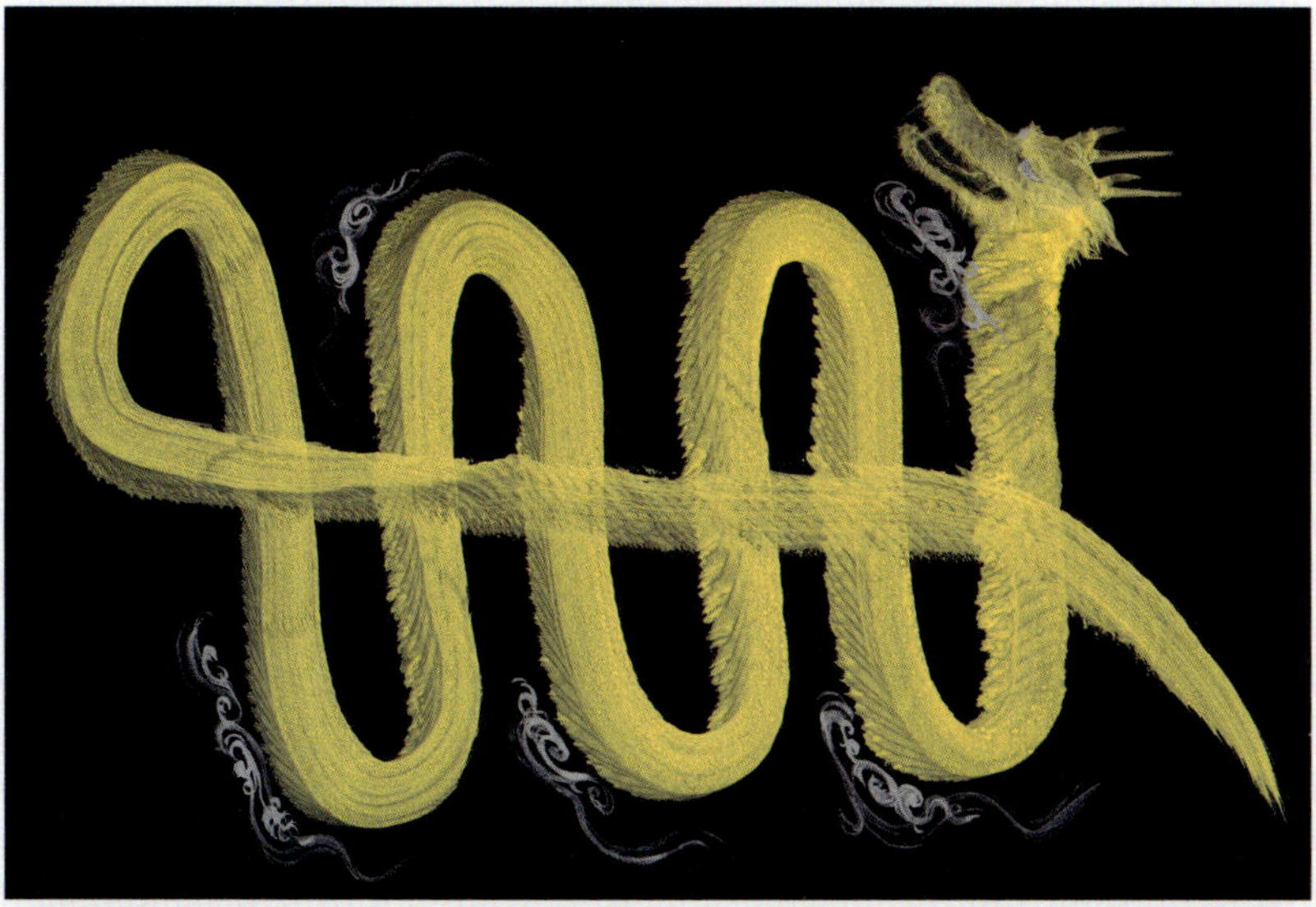

白龍図④

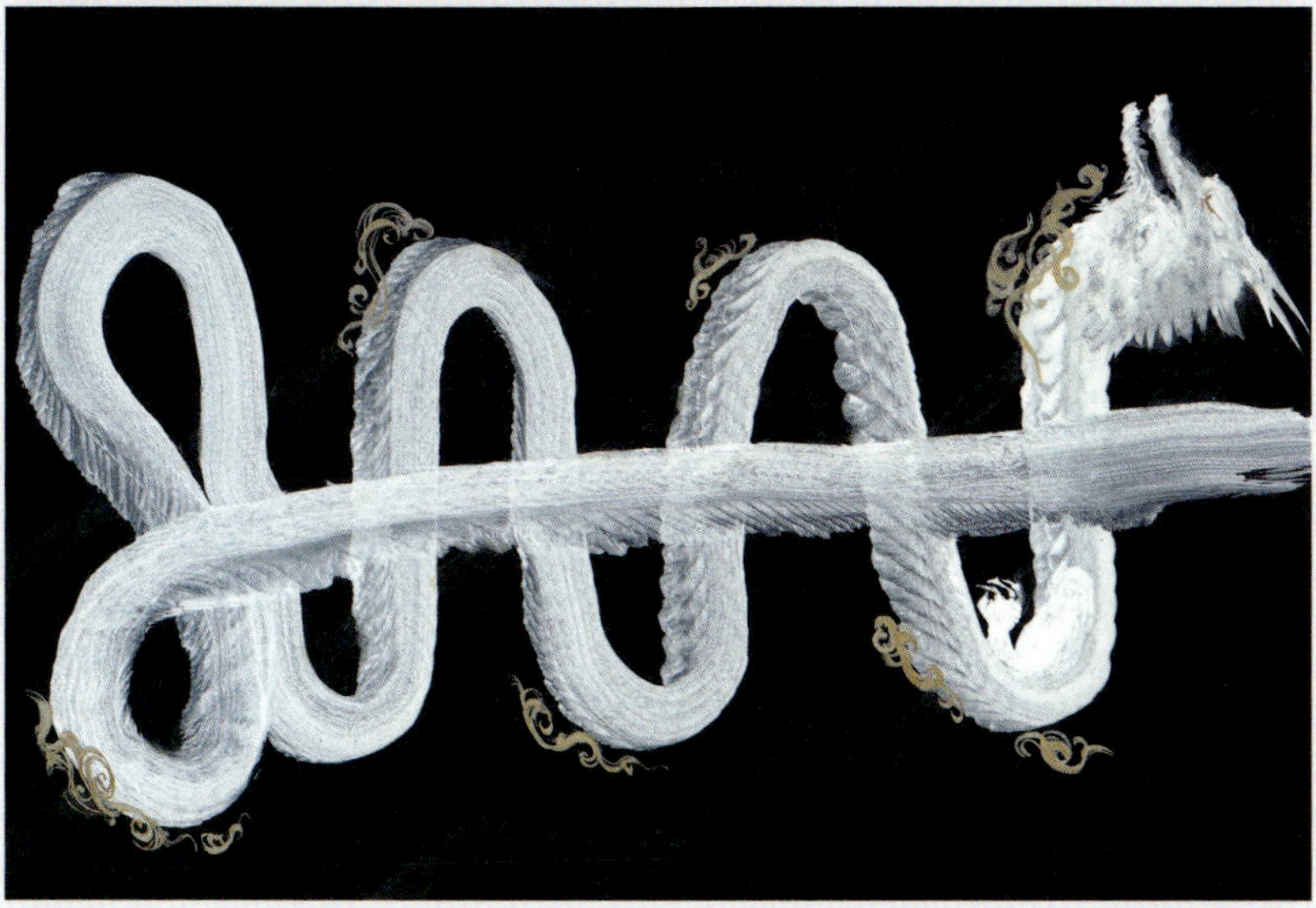

＊各龍神図のご利益や使い方は本文の第3章をご参照ください。
＊各龍神図を切り取って、バッグや財布に忍ばせたり、神棚や机上にお祀りするとご利益が期待できます。

【著者直筆】

貴方だけの龍神図美術館

黄龍図護符

白龍図護符

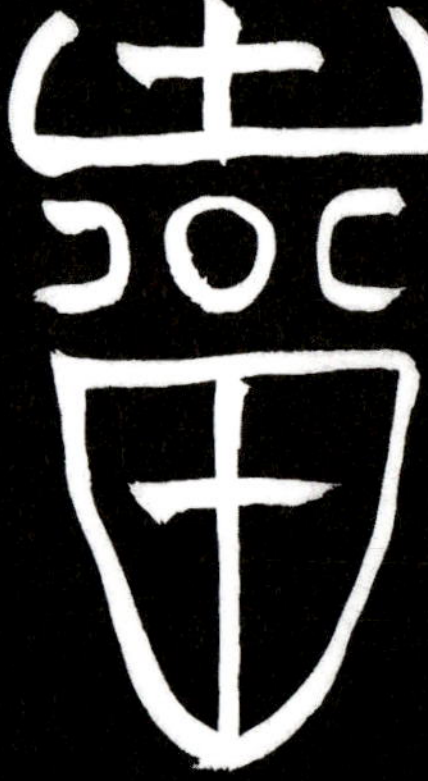

＊表側の龍神図と関連する護符が記されています。

＊表側の龍神図にそって切り取って、バッグや財布に忍ばせたり、

【著者直筆】

貴方だけの龍神図美術館

黒龍図⑤

緑龍図⑥

＊各龍神図のご利益や使い方は本文の第3章をご参照ください。

＊各龍神図を切り取って、バッグや財布に忍ばせたり、神棚や机上にお祀りするとご利益が期待できます。

【著者直筆】

貴方だけの龍神図美術館

黒龍図護符

緑龍図護符

＊表側の龍神図と関連する護符が記されています。

＊表側の龍神図にそって切り取って、バッグや財布に忍ばせたり、

【著者直筆】

貴方だけの龍神図美術館

紫紺龍図⑦

銀龍図⑧

＊各龍神図のご利益や使い方は本文の第3章をご参照ください。

＊各龍神図を切り取って、バッグや財布に忍ばせたり、神棚や机上にお祀りするとご利益が期待できます。

【著者直筆】
貴方だけの龍神図美術館

紫紺龍図護符

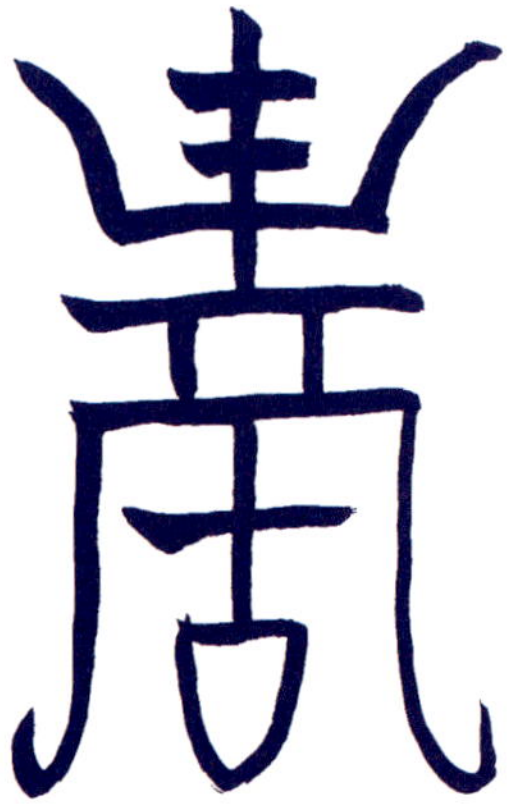

銀龍図護符

＊表側の龍神図と関連する護符が記されています。
＊表側の龍神図にそって切り取って、バッグや財布に忍ばせたり、

【著者直筆】

貴方だけの龍神図美術館

金龍図⑨

九頭龍図⑩

＊各龍神図のご利益や使い方は本文の第３章をご参照ください。
＊各龍神図を切り取って、バッグや財布に忍ばせたり、神棚や机上にお祀りするとご利益が期待できます。

【著者直筆】

貴方だけの龍神図美術館

金龍図護符

九頭龍図護符

＊表側の龍神図と関連する護符が記されています。

＊表側の龍神図にそって切り取って、バッグや財布に忍ばせたり、

（P64から続く）

させたりする護符を紹介しておきます。神棚に祀ったり、あるいは護符シール（各龍神さまの護符を含む）を単独で、財布やスマホの裏に貼ったりすることもできます。

●罪穢《けが》れを祓《はら》う護符↓P45の護符⑪参照

現代人の大半が陥っていると思われる、心身が穢れている状態。

この護符を使用すれば、心身の穢れを祓い清浄な状態になります。

●不足した運氣を補う護符↓P45の護符⑫参照

平和な世の中は大変結構ですが、心身の鍛錬不足により、氣（エネルギー、やる氣）が不足した状態。

この護符を使用すれば、心身が陽（プラス）の氣（エネルギー）を得て、エネルギッシュな状態になります。

龍神さまを召喚するための促進アイテム

また、龍神さまを召喚するためのアイテムとして、三つのグッズを紹介しておきましょう。

[龍神さま召喚のための促進アイテム]

赤い色の龍（上左）は辰砂で別名「賢者の石」と呼ばれ、黒い色の龍（同右）は黒曜石で火山噴火時に強力なエネルギーが加わる石といわれている。

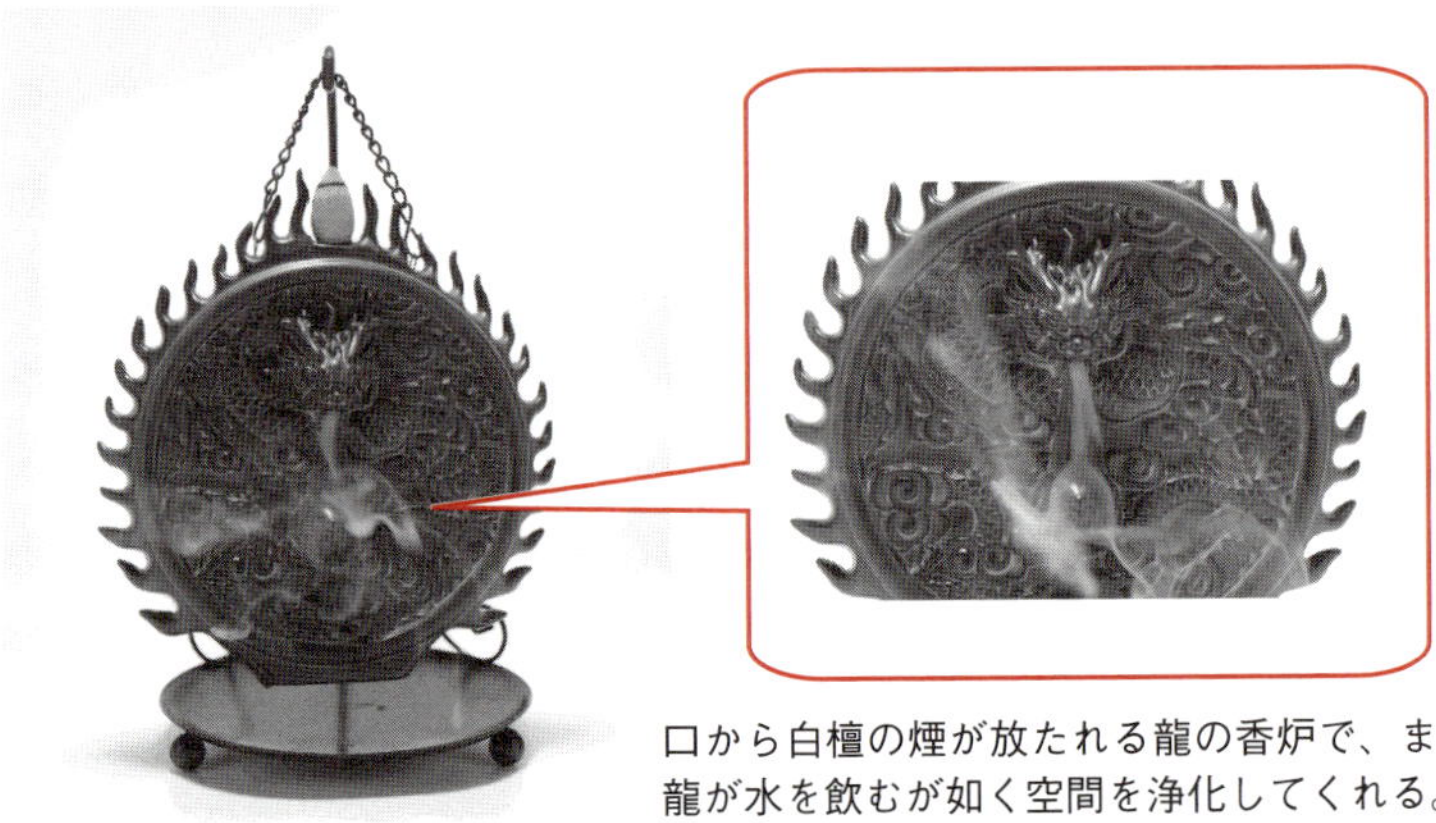

口から白檀の煙が放たれる龍の香炉で、まるで龍が水を飲むが如く空間を浄化してくれる。

◇龍を招く象徴アイテム

・赤い色の龍（P66左）は辰砂《しんしゃ》で別名、賢者の石と呼ばれる石です。
・黒い色の龍（同右）は黒曜石《こくようせき》で、火山噴火時の強力なエネルギーが加わる石といわれています。噴火のエネルギーは龍神のエネルギーを表します。
・龍の香炉（P66下）

龍の口から白檀の煙が放たれ、まるで龍が水を飲むが如く空間を浄化してくれます。

龍は桃、大吟醸酒、花などの良い香りを好むため、龍神召喚の際にはこのような龍を表すシンボルアイテムを使用します。

第四章

龍神さまはあなたを
ストレスから
解放してくれる！

❀ネガティブな感情の時にはお清めを行う

もしあなたが、健康であるにもかかわらず一日の始まりや終わりに異常なまでの倦怠感《けんたいかん》を感じた時は、何かしらの邪氣があなたの身体を占拠している可能性があります。最近ついていない、すごく嫌なことがあった、仕事でミスをした、人間関係がうまく行かない、とにかく不運だ……と感じた時も、この簡単な禊《みそぎ》を行って身体を清めておきましょう。

その際に役に立つのが、前述した「罪穢《つみけが》れを祓《はら》う護符」（P45・P65参照）を財布に入れたり、スマホの裏に貼ったりして身に付けておくと、自然に心身の穢れを祓い清浄な状態にしてくれます。

また実際に行える、こんな方法もあります。

浴槽にいつもより少し熱めのお湯を張り、浴槽の四隅に水晶のクラスター（小さな塊でOK）を置き、四方に邪気を祓うための空間として結界（魔障が来ないように空間や地域を限定すること）をはります。そして、一カップの日本酒と粗塩（バスソルト）を一握り程度入れて入浴します。

これを私は、ドラゴンウォーター・クリスタルウォーターと呼んでいますが、このお湯は非常に浄化能力が高いので、気持ちが落ち込んでいる時にもオススメです。

お湯に首まで浸かったら、毛穴という毛穴から汗が噴き出すまで、じっくりと入浴してください。身体に溜まった邪氣は、汗となり身体中の毛穴から徐々に体外排出されていき、風呂のお湯の浄化効果があなたの邪氣を追い払ってくれます。

邪氣をまとった日は着ていた服を浄化してから洗う

嫌なことがあった日は、その日着ていた服を洗わずにすぐクローゼットの中に入れてしまったり、ランドリーバッグに放り込んだりするのではなく、一度お香で浄化してから洗濯機に入れるように心がけましょう。

ネガティブなエネルギーというのは伝染性がありますので、邪氣がこびりついた洋服を洗わずにクローゼットに入れてしまうと、他の洋服にも不運が伝染してしまいます。

洗濯する場合も、他の衣類に邪氣がまとわりつかないように、一旦お香で浄化をしてから洗うように心がけましょう。

ユーズドのものは一旦お香で清めてから使用する

近頃は、スマホで簡単にユーズド（中古）の衣類やバッグなどを取引できるようになりました。

ユーズドの服には、前の持ち主の残留思念が残っていることがあります。

良い波動なら問題ないのですが、ネガティブな波動の場合、その洋服を着ている時は気分にムラが出たり、イライラしたり、体調不良を起こしたり、さらには不運まで連鎖することもありますので、ユーズドの洋服やバッグを購入したら、身に付ける前に必ず浄化をしましょう。

洋服の場合は、粗塩（神社などで販売されている塩はとてもパワフルです）をひとつまみかけるか、白檀《びゃくだん》やセージのお香をささっとくぐらせてから使用しましょう。

バッグの場合は、ジャスミンの葉を小さなビニールパウチに入れて一晩入れておくか、洋服と同様に白檀やセージのお香をささっとくぐらせてから使用しましょう。

旅行に出かけるときは玄関で柏手を三回打つ

出張や旅行などで、数日間家を空ける時は龍神セキュリティーを稼働させてから、家を出るように心がけましょう。

出発前に、玄関扉を背にして柏手を三回打ちます。

玄関に龍を飾っている場合は、玄関の龍に向かって三回柏手を打ちます。

こうすることによって、家の要である玄関の空間が瞬時に清められ、家中の魔が祓われます。

柏手の音を合図に、龍があなたの留守を認識し、大切な家や家族をしっかりと守護し見張ってくれることでしょう。

龍神さまをあなたの〝守護〟にする方法

世の中には、不運の影響を受けやすい人と、受けたとしても、あまりそれが日常生活に影響を及ぼさない人という、二種類の人が存在します。

この違いは、本来誰もが持っている「守護の質」の違いなのです。

大難を小難に小難を無難にできる人というのは、守護のバリアが比較的に強く張られています。

対して、その逆の小難が大難や災難になっていく人というのは、守護のバリアが不安定で、メンタルに左右されやすく、ちょっとした小難であっても、自らが発する不安のエネルギーで、どんどん事を大きくしてしまう傾向があるようです。

龍や龍神さまを、守護としてお迎えすると（ご縁を結ぶと）、私たちの目には見えないパワフルなバリアが徐々に強化されていきます。

私は、これを〝龍神結界〟と呼んでいますが、この龍神結界とは「あなたを守るバリア」のようなものだと考えるとわかりやすいと思います。

人生では誰でも、良い時期と不運な時期というのがあるものです。

良い時期は、何をやっても運が味方するので、単純に運がいいという受け入れ方で良いのですが、問題は不運な時期の過ごし方です。

あなたが、龍と共に過ごすようになると、この不運の時期を最小限のダメージで抜け出すことが容易になってきます。

人間には運氣のリズムというのが備わっているので、幸運も不運もある程度同じようなバランスでやってくるようです。

幸運が続けば、不運もやってくるし、不運が続けば幸運だってやってくる。

しかし、恐ろしいことに不運に慣れすぎてしまうと、不運であることが不幸だ……という感覚が薄れ、いつのまにかモノの見方が歪《ゆが》んできてしまうことがあります。

これに陥ってしまうと、幸せになりたい！という幸福を引き寄せる能力が衰え、現状維持でいいや……自分の人生こんなものだろう……と、諦めのモードに入ってしまい、徐々に冷静な判断力が失せ、経済力が衰え、幸福感も奪われていってしまいます。

龍とのご縁を持つことで、いつも龍があなたを見守っていてくれるので、不安や心配から起こるネガティブな感情を、少しずつ自力で浄化に導けるようになっていきます。

そして、あなた自身が「龍に守られている、龍とご縁を結んでいるんだから、自分は大丈夫！」と強く信じることで、龍との絆はさらに強く太くなり、ネガティブな感情をポジティブなものへと自動変換して行く過程が、これまで以上にとてもスマートに進むようになっていきます。

❀いざというときに役に立つ〝龍神結界術〟

ここ一番の時には、足元に自分一人が立てる程度の五芒星を人差し指と中指で書き、五芒星の中に入ります。

各龍、もしくは自分がご縁があると思う龍神さまの祈り詞を唱え、「我を○○から○○からお護りください。○○からお助けください」とお願いします。

さらに目に見えないエネルギーの攻撃から身を守る際の龍神結界術、例えば　何かしら嫌な雰囲気や、ネガティブな攻撃を仕掛けてくるエネルギーの撃退法としては、

［五芒星］

自分の目の高さ、眉間のあたりで小さな五芒星を人差し指と中指で書き、龍神祈り詞を唱え、お願い事を簡潔に呟《つぶや》き、息を〝ふっと!〟吐いて、空《くう》に書いた小さな五芒星を相手の背中（対象のもの）に向かって、吹き飛ばします。

龍と仲良くするために心がけること

●ネガティブな言葉を極力避け、ポジティブな言霊に変換スルー

龍はあなたと共に成長していくのを、とても楽しみにしてくれています。

せっかく龍とのご縁を結んでも、毎日愚痴や妬《ねた》みや悲しい気持ちでいると、龍が何となく責任を感じてしまいます。

日常生活には、いろいろな〝嫌なこと〟〝悲しいこと〟〝悔しいこと〟〝腹立たしいこと〟〝残念なこと〟が潜んでいます。

人と関わらずに生きて行くというのも、何かと難しいものです。

心が疲れている時などは、小さなことがとても大きな不幸のように感じられる時があります。

そういう時の他人からの意地悪攻撃というのは、心身ともに強いダメージを受けますよね。

攻撃的な人はどこにでもいるものです。

こういう人というのは、誰かを傷つけることで自己愛が満たされるのでしょうが、そういう人とまともに関わっても良いことがあるはずがありません。

落ち込んでいる時に、他人からの妬みや嫉妬や嫌がらせといったネガティブな攻撃を受けると、普段ならば応戦できる内容のものであっても、悪い波動を跳ね返す余力が残っていないことがあります。

でも、龍と仲良くなってくると、こういうネガティブな攻撃を跳ね返す強いメンタルが備わってくるようです。

龍と仲良く暮らすために心がけることのひとつとしては、ネガティブな感情に支配されず、攻撃してくる人間に対して、ネガティブな攻撃で対抗するのではなく、ポジティブな言葉を打ち返して、あとは〝スルー〟で良いのです。

そのような波動の低い人間と関わるのは時間の無駄ですから、龍の高い波動を借りて、良い言霊を吐き、あとは放置しておけば、相手は自らが発する低俗なエネルギーに飲み込まれ、いずれ自爆していくことになるでしょう……。

◉清貧を心がけず清富を目指す

龍と仲良くなってくると、身の回りにうれしいことが起こりはじめます。

すると、幸せにあまり慣れていない人というのは、うれしいことが起こる度になぜか不安な感情も生まれてしまうようです。

臨時収入が立て続くと、ありがたい反面お金を使うことをためらったり、せっかくの臨時収入が悪い（怖い）お金のように思えてしまったり。

「こんなに良いことが起こるってことは、とてつもなく悪いことが起こるに違いない」「もしかしてこのまま調子にのっていると罰《ばち》があたるのではないか？」「運が尽きてしまうのではないか？」

せっかくうれしい事が続いているのに、あまりに疑い深く意固地になってしまうと、あなたを喜ばせようとお金をつかんでやってきてくれた龍が可哀想です。

偏った宗教観にのめり込んだり、思い込みの激しかったりする人は、清貧であるのはとても素晴らしいことで、善行であると信じて疑いません。

確かに、清く貧しく……聞くだけなら良さそうな言葉ですが、貧乏神様が好みそうですね。

そもそも「清貧」に「貧しいことを良いこととする」という、ニュアンスがないことをご存知でしょうか？

「清貧」というのは、本来私利私欲に溺れず、不正を働かずに日々真っ当に生きた結果、貧しくて質素な生活となる、というような意味合いです。

つまり、「清貧」とは「たとえ貧しくたって、清いことは良いことだ！」という意味であって、決して「貧しいことはよいことだ！」ではないのです。

あなたが〝貧しいことを良いことだ！〟と思い込み、臨時収入があっても頑《かたく》なに清貧を目指していたのでは、龍は喜んではくれないのです。

龍はあなたを豊かにしてくれる存在であり、富貴の象徴でもあります。

龍と仲良くするために、あなたが心がけることは、「富貴にして善をなし易く貧賤にして功をなし難し」でなくては、ならないのです。

この言葉には「生活に余裕のある者は善行を行うことも容易であるが、貧乏だと物事を成し遂げることもむずかしい」という意味があります。

臨時収入やうれしいことがあったら、まずは龍に御礼を伝えましょう。

そして、ハッピーのおすそ分けを誰かにしてあげて欲しいのです。

龍は、私たち人間が喜ぶ波動が大好きです。

あなたが龍から得た恩恵は、また他の誰かに分けてあげましょう。

どうやって願いを実行に移せばよいのか

龍と仲良くなって、願い事を叶えてもらうためにはある程度の〝有言実行〟を心掛けなくてはなりません。

有言実行というとちょっと敷居が高く感じる方もいらっしゃるかもしれないので、〝決意表明〟をすると言い換えれば、気軽に取り組めるかもしれませんね。

龍は、いつもあなたの願いや望みを叶えてあげたいと思ってくれています。

誰よりもあなたのことを想い、時には厳しく突き放し、時には背中に乗せてあなたを運の上昇気流へと誘導してくれます。

龍とご縁を結んだら、龍にいろいろなお願い事をプレゼンする必要があるのですが、龍がいくら高級神霊であるからといって、明らかに無理なことをお願いするのは龍に対して失礼です。

龍とは信頼関係が大切なので、明日までに五十キロほど痩《や》せたいとか、教習所にも通っていないのに今すぐに車の免許を取得したいとか、物理的に無理なことは龍とて無理です。

あなたのことを気にかけて、あなたのことを護りたい、一緒に暮らしたい！と思ってくれる龍は、あなたと似た性質の龍であることが多いようです。

以前、海外在住の知人から、いじめられっ子が一念発起で龍のＴＡＴＯＯを身体に入れた途端、人が変わったように激しい性格になってしまった……という話を聞いたことがありますが、それは激しい龍をお招きしたのではなく、龍の力を借りて本来眠っていた本人の激しい性格が覚醒しただけのこと。長年のいじめによってフラストレーションが溜まっていたのでしょう、一気に爆発‼といったところでしょうか。

稀にこういったこともあるようですが、私が知る限りでは似た性質のもの同士や、あなたに欠けている部分を持っている（補ってくれる）もの同士が引き寄せられているように感じます。

臆病な人にはちょっと臆病な龍が、おっちょこちょいな人にはちょっとだけおっちょこちょいな龍が、あるいは内向的な人には社交的な龍が……。

龍も人間と関わることで成長していくのでしょう。

似た者同士が助け合い励ましあい、お互いの欠けた部分を補いながら、共に支えあっているように感じます。

〝お願いするだけの人〟を卒業し〝行う人〟になる

話を戻しますが、龍と仲良くなって願い事を叶えてもらうためには、〝願うだけの人〟を卒業し〝行う人〟になる必要があります。

私は欲張りなので、いつも龍にはたくさんのお願い事をしています。そして願い事を更新し続ける努力をしています。

龍に願いごとを叶えてもらう〝コツ〟は、願い事の大・小に関わらず色々とお願いしてみることです。

そして、何かひとつ願い事が叶うたびにお礼を伝え感謝して、また新たな目標という願い事を更新し続けていきます。

ひとつ叶ったからこれで充分……ではなく、ひとつ叶ったらお礼を伝え、次のお願い事をします。

同時にその願い事を叶えるために、自分ができることを伝え決意を表明します。そして、龍との約束はきっと叶うと信じて、実行に移します。

一般的に神様は〝お願い事をなんでもきいてくれる〟〝とりあえずきいてくれる〟そんな存在だと思われがちです。

しかし、願い事を通すコツというのは、願うだけではなく行うことも重要です。

恋愛祈願や結婚祈願で神社にお願いに行くだけではダメ！

例えば、恋愛祈願や結婚祈願で神社にお願いに行くとします。

素敵な人と結婚できますように……（拝む）だけでは、いまひとつパンチがたりません。

龍や神様にしてみれば、あなたにとっての素敵な人がどのくらいのステイタスで素敵！なのかがわからないのです。

ついでに、素敵な人と出会えますように……とお願いして、まったく外に出ず引きこもっていても、あなたの思う素敵な人は、このご時世白馬にまたがって登場してはくれません。

もはや壊滅状態の白馬の王子を待つよりも、あなたとご縁のある龍をみつけて運をサポートしてもらうほうが、前向きかもしれませんよ。

龍にお願い事をするときは、願い事を通すためには自分はどんな努力をするか！という決意を伝える必要があります。これが龍と仲良くするコツなのです。

願うだけの人というのは、いつも願ってばかりで行うことをしません。

あんな風になりたい、羨《うらや》ましいな、なんであの人はあんなにツイてるんだろうか？など邪念ばかり、願うことはしても行うことをしないので、龍もどこから助けてあげて良いものか？と困ってしまいます。

それに対して、行う人というのは、願っている人が願っている間に小さなアクションを起こしていきます。それが実際に実る、実らない……は別として、願うことと同時に何かを行うことで、龍も手助けの方向性を、見つけることができるのです。

龍の背中に乗れる人というのは前者の願うだけの人ではなく、後者のように行いが伴う人なのです。

龍とご縁を結ぶことで起こる変化を恐れない

ここまでお読み頂いて、龍の存在を少しでも身近に感じて頂けるようになりましたか？

龍とご縁を結ぶことは決して特別なことでも、選ばれし者のみが許されるようなことでもなく、逢いたいと願った人たちは皆、龍とつながることができます。

龍とご縁を結ぶことで起こる変化を恐れないでください。

龍はとてもパワフルですから、物事が動きだすスピードがいつもより速く感じられたり、龍と共に変容していく自分が受け入れられなくなったり、混乱を感じることがしばしばあるかもしれません。

でも、せっかく龍の背中に乗せてもらったのだから、振り落とされないようにしっかりと捕まって新たな展開やスリルを楽しんでください。

龍はあなたが喜ぶエネルギーが大好きです。龍と一緒に成長し、泣いたり笑ったりしながら新しい世界へと飛び出しましょう。

第五章

龍神さまと出会える
パワースポット神社

パワースポット神社で龍神さまを体感できる！

最後に本章では、龍神さまと出会えたり体感できたりする神社のパワースポットについて紹介していきます。

まずは、福岡県福岡市の「志賀海神社《しかうみじんじゃ》」です。

この神社は全国のわたつみの総本社です。

かつては玄海灘を望む交通の要所であり、聖域であった志賀島に鎮座するこの志賀海神社は、「龍の都」「海神の総本社」として古くから讃えられ、海の守護神として今なお篤く信仰されています。

参道を進むと、ほどなく正面に神社の階段が見えてきます。

この道は、神社の階段に突き当たると、そのまま大きく右にカーブし、目の前に広がる青い海の方へと向かっています。神社の階段を登れば、志賀海神社は、小高くなった山から、島を囲む海を見下ろせる場所に鎮座しています。

この神社の歴史はとても古く、創建は明らかではありませんが、大昔には島の北側に「表津宮《うわつみや》」「仲津宮《なかつみや》」「沖津宮《おきつみや》」の三社が祀られていたものが、二世紀から遅くとも四世紀の間に、島の南側にあたる現在の場所に遷座《せんざ》されたようです。

龍とともに神聖な時間を過ごせる聖域

ここは、龍とともに神聖な時間を過ごせる素晴らしい聖域です。

心地よい風はざわざわと木々を揺らし、森の中にいながら、すぐそばに海の気配を感じます。

静かに心を落ち着けそっと耳を澄ますと、楽し気な龍の息遣いを感じるようです。

志賀海神社の御祭神は、伊邪那岐命《いざなぎのみこと》の禊祓《みそぎはらえ》によってご出生された綿津見三神《わたつみさんじん》である「表津綿津見神《うはつわたつみのかみ》」「仲津綿津見神《なかつわたつみのかみ》」「底津綿津見神《そこつわたつみのかみ》」です。

禊祓《みそぎはら》いによってご出世された神様ですので、とくに穢《けが》れを嫌うといわれているため、不浄の者はこの神社の参拝を控えねばなりません。

志賀海神社で春と秋に行われる「山誉め祭《やまほめまつり》」という歴史ある神事の中には、なんと「君が代」の歌詞が出てきます。

海の神の総本社、志賀海神社（福岡県福岡市）

これは、龍人《りゅうじん》「安曇族《あずみぞく》」の伝統行事で、今なお大切に受け継がれている神事です。

神事では、

「君《きみ》が代《よ》は　千代《ちよ》に八千代《やちよ》に　さざれ石の
巌《いわお》となりて　苔《こけ》のむすまで」

と荘厳な口調で語られ、「あれはや　あれこそは我君のめしのみふねかや……」と口上は続きます。

この詩はどうやらとても古い時代に、この龍宮の島で作られた、海の神をたたえたものであったようです。

日本の国家の源流は、なんとこの龍の島にあったのです。

志賀海神社の境内は明るく、龍の歓迎を受けているかのような、涼やかで心地よい風が吹いています。

耳を澄ますと、ごうごうと滝の音が聞こえてきます。すぐ近くに滝があるのです。

境内に足を踏み入れると、あたりの空気は一段と引き締まった感じがします。

境内左手にある手水舎《ちょうずや》のわきには、志賀海神社の略記があり、御由緒が書かれています。

境内右手には雄雌の鹿の像と、鹿角庫《ろっかくこ》があります。この中には、約一万本を超える鹿の角が奉納されているといいます。

鹿角庫の上には〝龍の（ような）角〟

志賀島と志賀海神社は神功皇后《じんぐうこうごう》ゆかりの地です。

その昔、神功皇后が対馬で鹿狩りをされ、その角を多数奉納されたことを起源とし、その後も祈願成就の御礼に奉納されてきました。

鹿角庫の正面に立ち、空を見上げると、まさに今、飛び立たんとしているような

〝龍の（ような）角〟を見つけることができます！

拝殿へと向かうと、さらに身の引き締まるような神聖な気持ちになります。

浦島太郎の龍宮伝説が残る地区

志賀島には高天原《たかまがはら》という場所がありますが、そこは原ではなく、海岸近くの海の中なのです。

「筑前国風土記」に、神功皇后が三韓征伐《さんかんせいばつ》の途中、志賀島に立ち寄ったとの記述があります。

伝説では、神功皇后に招かれた安曇磯良《あずみのいそら》がアメノウズメの神楽《かぐら》を舞ったとき、老翁の姿で亀の上に立ち上がった志賀大神《しかのおおかみ》と勝馬大神《かつまおおかみ》が池の中から現れました。

その後、亀は二つの大きな石となり、再び志賀島の海岸に姿を現したといわれます。

また、志賀島の北側、勝馬地区には、浦島太郎の龍宮伝説も残されています。

安曇磯良は志賀島の海神の祖である神様です。

伝説では、安曇磯良の容姿はまるで蛇（龍）を思わせ、長く海の底に住まわっていたために、顔や体に牡蠣《かき》や鮑《あわび》がついていたといわれます。

神功皇后が出兵の際に諸神を招いた時、安曇磯良は醜《みにく》いその姿を恥じて、なかなか姿を現しませんでした。そこで神功皇后は、安曇磯良の好きな神楽で磯良を誘い出しました。安曇磯良は神功皇后の軍船を導き、神功皇后に龍宮の「干珠、満珠」の珠を献じて、三韓征伐を助けたといわれています。

今でも、「亀の祭り」の神楽の安曇磯良は、白い布で顔を覆っています。

志賀海神社の本殿右手にある「今宮神社」です。宇都志日金拆命《うつしひかなさくのみこと》、住吉三神《すみよしさんじん》、安曇磯良丸が祀られています。

とても神秘的な光に包まれています。

龍宮の龍王の二人の娘の言い伝え

龍宮の龍王には二人、ご息女がいたといわれています。

豊玉姫命《とよたまひめのみこと》と志賀海神社本殿の中殿、相殿《あいどの》に祀られている、玉依姫命《たまよりひめのみこと》です。

姉君の豊玉姫命は、龍宮に赴いた彦火火出見尊《ひこほほでみのみこと》（山幸彦《やまさちひこ》）の妃となり、鸕鷀草葺不合尊《うがやふきあえずのみこと》をお生みになりました。

そして、のちに妹君の玉依姫命と鸕鷀草葺不合尊との間にお生まれになったのが、日本の初代天皇、神武天皇であるといわれています。

豊玉姫命は、志賀島から島半島を越え、南西に浮かぶ小さな島、姫島でお生まれになったといわれており、対馬の海神社やこの周辺の海沿いなど、九州には、豊玉姫命、玉依姫命をお祀りした神社が数多くあります。

宮崎県の高千穂神社《たかちほじんじゃ》をはじめ、龍神が祀られ古木に龍のお姿が現れているという東《ひがし》霧島神社《きりしまじんじゃ》など、龍に所縁の深い神社には、豊玉姫命と玉依姫命がご一緒に祀られているところが多いのです。

古くからの神々と龍との深い関係を物語っているようです。

龍の住む神秘的な島〝種子島〟

ロケット発射基地、宇宙センターがあることで知られる種子島は、旧石器時代には、すでに人が生活をしていたことがわかる遺跡が残されているほど、とても古い歴史を持つ島で、大昔に龍が作った島と言い伝えられています。

種子島の古い言い伝えの中には、村人の前に現れた大樹のように大きな蛇（龍）の話がいくつか残されており、島の人たちは龍を恐れ敬いながら、龍の存在をあたりまえに思って暮らしてきたようです。

この島は、龍が作り、今なお人と共に龍の住まう島なのです。

種子島の南部にある「宝満神社《ほうまんじんじゃ》」は、島の人たちが「龍神池《りゅうじんいけ》」とも呼ぶ、島内唯一の淡水湖「宝満池《ほうまんいけ》」のほとりにある、種子島最古の神社です。

祭神である玉依姫命が、その昔、十八人の従者を連れてこの地に降臨し、その時に米の原種である「赤米《あかごめ》」の種をお持ちになりました。そして島の人たちに稲作を指導したと言われています。

種子島はこの国で最初に稲作が行われた場所であるといわれ、今でも日本一収穫の早い米どころです。

江戸時代に作られた、宝満神社に残る伝承を記した「宝満宮縁起《ほうまんぐうえんぎ》」に、龍神第二の御女玉依姫《みめたまよりひめ》によって、この地に田の始まりがもたらされたことが記されています。

また、ここには龍にまつわる話も記されています。

ある年に起きた干ばつで、水田の水はすっかり枯れてしまいました。そこで村人たちは水路を掘り、宝満池から水を引こうと考えました。

ところが掘り進むうちに、なにかとても硬いものに当たり、その先に進めません。

それでも里人は力を合わせて一斉に力を振るい、無理に掘ろうとしたところ、なんとそこから真っ赤な血が泉のように噴き上がりました。

種子島最古の神社「宝満神社」

「龍神池」と呼ばれる島内唯一の淡水湖「宝満池」

そしてまるで大樹を思わせるような大きな龍が右往左往に飛び回り、やがて天に向かって飛び立ちました。

里人たちは、龍の住む神聖な池を荒らしたことを詫びて、神様に祈り、許しを請いました。龍の住むといわれる「宝満池」は、宝満神社のご神域の中にある聖域で、今なお人の手が入らない、自然のままの姿を残した神秘的な湖です。

この宝満池にまつわる伝説には、「馬立《まだち》の岩屋《いわや》（魔立《まだち》の岩屋《いわや》）」の不思議な話も残されています。

種子島の中ほどあたりにある、「馬立の岩屋（魔立の岩屋）」は潮が満ちても浸《つ》かることがないという洞窟で、昔はここにたどり着くのには非常に困難を極め、いまでもほとんど人の立ち入らない場所にある、とてもひっそりとした洞窟です。

龍神池と岩屋の洞窟を行き来する龍

第十代島主、種子島《たねがしま》幡時《はたとき》は、修験道《しゅげんどう》犬神使《いぬがみつか》いでした。

種子島の島主である種子島家は、もともと熊野権現《くまのごんげん》を崇拝しており、十代島主の種子島幡時は、とくに厚い信仰をよせて、かねてからその穴で修行していましたが、五十八歳の時、修行のためにこもっていたこの洞窟で、こつ然と姿を消してしまったのです。

洞窟の入り口に、幡時の馬だけが、じっと主の帰りを待って、淋しげにその場にたたずんでいたのだそうです。

元禄二年に記された「懐中島記《かいちゅうとうき》」にこのことが記されています。

不思議な話はまだ続きます。その後、宝満神社の龍神池に、幡時の被っていた笠がぽっかりと浮かんでいるのが見つかったのだそうです。

馬立の岩屋と龍神池とはつながっていると、島の古くからの言い伝えがあります幡時は、二度と姿を現すことはありませんでしたが、この島に住む龍は、龍神池と馬立の岩屋の洞窟とを、自由に行き来しているのかもしれません。

ところで、種子島の熊野神社のご神体である石は、種子島幡時が、紀州の熊野より勧請《かんじょう》し、祀ったものといわれています。なんとこの石は、年々成長を続けているといわれていて、種子島家の記録にも、奇異なその成長ぶりが記されています。

私（Ａｙａ）と妹（ＢｅＢｅ）は、この種子島幡時の末裔《まつえい》にあたります。

潮が満ちても浸かることがない洞窟「馬立の岩屋」

「馬立の岩屋」の洞窟から覗くと海に浮かぶ岩が見える

龍と密接な関係がある博多櫛田神社

博多っ子には「お櫛田《くしだ》さん」の愛称で親しまれている櫛田神社《くしだじんじゃ》は、古いしきたりが今なお残る博多の町の氏神様で、総鎮守《そうちんじゅ》です。

ここの櫛田神社は、全国では珍しく、素戔嗚尊《すさのおのみこと》の妻である櫛稲田姫《くしいなだひめ》の祀られていない神社ですが、実は櫛稲田姫の「櫛」は、龍そのものを示しているともいわれています。龍と櫛田神社とはとても密接な関係があるのです。

たしかに博多の櫛田神社の中でも、見渡せばいたるところに龍を見つけることができます。門や大きな出雲式の本殿のしめ縄の上にも、龍のお姿が見られます。

また、境内には「白龍社《はくりゅうしゃ》」があり、商売繁盛の神、金成の神、幸運の神、財布の神、として白龍権現が祀られています。

あけっぴろげでお祭り好きな博多の町は、強くて優しい龍に抱かれるように守られているのです。

櫛田神社の中では、いたるところに龍のお姿を見つけることができます。(櫛田神社の門にも立派な龍のお姿が)

櫛田神社にはいたるところに
龍が存在している

胡瓜《きゅうり》を輪切りにした形に似ている木瓜紋《もっこうもん》は、水神様である龍神を祀る祇園社《ぎおんしゃ》の紋で、博多の櫛田神社の紋もこの胡瓜紋です。

ですから、博多の男衆は山笠のお祭りの期間中は、決して胡瓜を口にしません。

承天寺《じょうてんじ》は臨済宗《りんざいしゅう》の寺で、櫛田神社の近くにある、とても古い歴史のある寺です。ここは、うどんと饅頭《まんじゅう》の発祥の地と言われている寺でもあります。

禅宗では、龍は仏の教えをたすける八部衆《はちぶしゅう》のひとつで、龍神さまといわれます。

特に臨済宗では、龍が信仰の対象になっています。

水を司る龍に、大切な寺の建物を火災から守ってもらう意味合いを込めて、臨済宗の寺にはたいてい、天井絵や襖絵に龍の姿が描かれているのだそうです。

雨を呼ぶ水の神である龍神さまは、勇ましく賑やかな夏のお祭りが大好きです。

空を見上げると、祭りを楽しむ人々と共に、楽し気に空を舞っている姿を見つけられるかもしれません。

【著者紹介】

鮑義忠（ほう ぎちゅう／パオ イーツォン）
風水コンサルタント（玄空飛星派風水、八宅派風水、道教風水、道教符咒術）
1981年台湾生まれ。国内における正統派風水のさきがけである鮑黎明を父に持つ。父の病をきっかけに全宇宙最高神である十八代玉帝（關聖玉皇閣下）が現れ、父の運命を変える未来を宣告され、それ以降、十八代玉帝の計らいで台湾道教の林文瑞老師（玄靈法師）のもとで厳しい修業を行い、護符を書く力を授かる。国内はもとより十八代玉帝（關聖玉皇閣下）の天命に従い人々、土地、洋の東西を超越した高級神靈の救済に奔走している。著書に「貼るだけ！超開運風水」、「貼るだけ！超招財風水」（自由国民社）、「大開運！神様風水」（廣済堂出版）などがある。現在住居、オフィス、店舗の中古・新規物件の監修などを幅広く行っている。
鮑義忠監修 道教風水アイテム…http://taoizm-fengsui-seiryudo.com/
鮑義忠 ameblo…http://ameblo.jp/taoizm-fengshui/
風水鑑定お問い合わせ…taoizm.fengshui@gmail.com

BeBe（ビビ）
犬神使いであった第十代種子島島主、種子島幡時の末裔、高級神靈からの神託を自動書記にて記すという、国内で珍しい御筆先占術のシャーマン。2010年にマレーシアに渡り、リリアン・トゥーより風水を学ぶ。その貴重な風水の知識をベースに、風水師としては異例のサイキックリーディングを連動させ、パワフルな鑑定で、クライアントの豊かな生活環境作り、開運、幸せ探しのお手伝いに日々奮闘中。現在風水コンサルテーションとして、「八宅派・玄空飛星派」を用いた、住居、店舗、オフィス、新規建築物件のコンサルティングや御筆先による鑑定として、特殊占術、自動書記を用いた運命鑑定、仕事、人間関係、恋愛、結婚、ご先祖絡みの鑑定、その他、タロットリーディングや風水のセミナーを行っている。
BeBe（ビビ）のラブスピリチュアル…http://love-spiritual.net
鑑定お申し込み＆お問い合わせ…http://love-spiritual.net/mail

Aya（彩）
世界的な風水マスター、リリアン・トゥーのもとで風水を学び、GIA（米国宝石学会）の資格を持つ、風水開運アドバイザー・開運ジュエリーデザイナー。リリアン・トゥーから直接学んだ風水の知識と、GIAで学んだ本格的な宝石の知識とを合わせて、海外ラグジュアリージュエリーブランドでのアドバイザーのキャリアを活かし、風水と統計学問である八字（四柱推命）に、パワーストーンの効果を合わせ、開運アドバイスを行う。現在フライングスター風水（玄空飛星派）による、オフィス・店舗・住居の開運アドバイスやオリジナルグッドラックジュエリー（開運ジュエリー）及び パワーストーンブレスレット、小物デザインのオーダー制作、その他、四柱推命（4Pillars of Destiny）による鑑定や開運アドバイス、開運セミナーなどを行っている。
彩（Aya）のラブスピリチュアル…http://aya.love-spiritual.net/
お問合せ…http://aya.love-spiritual.net/mail

企画・プロデュース：アイブックコミュニケーションズ
本文デザイン・ＤＴＰデータ作成：立花リヒト
本文イラスト作成：山本夏子
編集協力：矢野政人

龍神さま開運手帖

2016年（平成28年）12月31日　初版第1刷発行
2017年（平成29年）7月6日　初版第2刷発行

著　者 鮑 義忠　BeBe　Aya
発行者 伊藤 滋
発行所 株式会社自由国民社
東京都豊島区高田 3-10-11　〒 171-0033
http://www.jiyu.co.jp/
振替 00100-6-189009
電話 03-6233-0781(代表)
カバー・表紙デザイン ＪＫ
印刷所 大日本印刷株式会社
製本所 新風製本株式会社

願いをかなえる

開光點眼

龍神さま護符シール

赤龍護符②

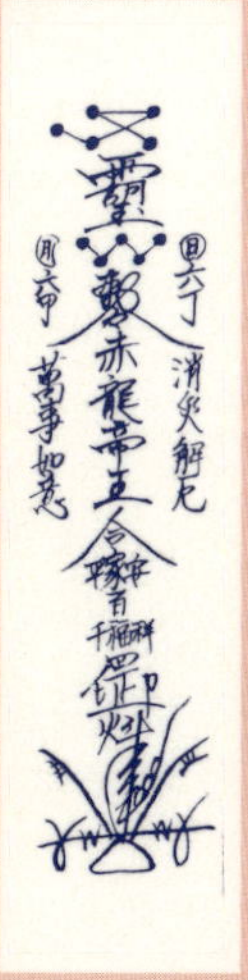

黄龍護符③

白龍護符④

黒龍護符⑤

緑龍護符⑥

銀龍護符⑧

金龍護符⑨

九頭龍護符⑩

穢れを祓う護符⑪

不足した運氣を補う護符⑫

龍神さまの護符シールを選び方やご利益、使い方は第３章をご高覧ください。
また選んだ護符シールを単独で、財布やスマホの裏に貼ったりできます。